ブッシュクラフターズ

BUSHCRAFTERS

見城 了=写真・文

山と溪谷社

はじめに

このところのキャンプブームは、コロナ禍のなかでもあまり影響されず、むしろ広がった感さえありました。人が集まる催しが制限され、旅行にも行けなかったことも影響してか、新たな参入者も増え、新たなキャンプ場もオープンし、週末の予約は取りづらい、という状況さえあったようです。

閉塞感の漂うなかでも、せめて野外や自然の中では思いきり楽しみたい。たくさんの人たちのそんな欲求を受け入れてくれる、キャンプの持つ懐の深さがあったからだと思います。

最近ではキャンプ場でも、オートキャンプとは一線を画した、ミニマムで野性的なブッシュクラフトスタイルのキャンプを楽しんでいる人たちを見かけるようになりました。

自然の中で遊ぶことの面白さをもっと探求したいと思った人が、ブッシュクラフトへと踏み込むことは、自然な流れなのかもしれません。

そんな、〝ブッシュクラフト〟の持つ魅力とはどんなものだろう。本書ではその答えを探すため、プロ、アマ含め、11組のブッシュクラフターたちに取材し、その実際を写真に収め、生の声を聞かせてもらいました。

遠くから見ると同じことをしているように見えるかもしれません。でも、近くで見せてもらって話を伺うと、趣味も志向もそれぞれ違いました。そして口を揃えて言われたのは、「正解なんて無いよ」でした。

ブッシュクラフトは、とても自然や大地に近いアクティビティです。そしてウィルダネスの中へと入り込み、溶け込もうとすればするほど、人は人としてしか生きられないんだな、と感じました。

毛皮も牙も持たない代わりに、火を扱い、紐を結び、刃物で削る。色んなことを感じ取り、考えて学習する。人にしかできないこと。根源的で普遍的なもので、そこも面白い。

同時に、それを行う〝人〟にこそ根ざしたものだということ。歴史もスキルも好みもバラバラで、人が濃くて癖があって。そこも面白い。正解はない。みんな違ってみんないい。

この本が、ことあるごとに開いてもらい参考にしてもらえる、そんな本になってくれたら幸いです。

見城　了

CONTENTS

BUSHCRAFTERS 01

久保俊治

TOSHIHARU KUBO

久保さんは北海道の標津町で猟師として活動してきた。それも単独猟である。大学を出てすぐに猟師になり、その後アメリカのハンティングガイド養成スクールで学び、実際に現地でガイドをしていた経験も持つ。たった独りで山の中に分け入り、地形や天候など、その日その場所の条件を把握する。1週間ほど泊まり込んで熊を追い続けることもあった。寒い時期にはマイナス20度以下にもなる、過酷な大自然の中で動物たちと向きあってきた。レジャーで自然に入る人間とは、まったく違う目線で自然を見ている。そして圧倒的な経験値がある。初めてお会いしたのにもかかわらず、いろんな話を聞かせてくれた。いつも気さくで穏やかではあるが、そこには心地よい緊張感が漂っていた。

BUSHCRAFTERS 01

久保俊治

TOSHIHARU KUBO

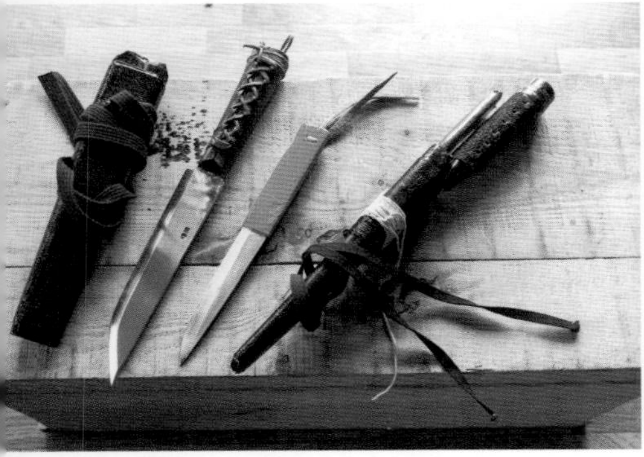

キスリングと呼ばれる、昔ながらの国産帆布のザック。夏の装備だがダウンがあるのが北海道ならでは。風呂敷の中は着替え。ツエルトとカッパ、新聞紙、ロープに釣り竿。2本差しの鞘とナイフ。ノコギリはゴムボーイ。飯盒の中には紅茶のセットとカップ。ポーチの中には細引きとロウソク、テープなど。マタギも使う両刃のフクロナガサ（剣鉈）は、秋田の馴染みの鍛冶屋さんに作ってもらう。鞘は湿気を含むと膨らむホオノキから自作する。凧糸と人工漆で仕上げる。肥後守の折りたたみナイフは刃先を削り少し尖らせてある。魚の腹を割くのにちょうどよい。革のシースは自作。

ミミズを捕る。これがいちばん釣れるのだそう。馬は娘さんのものを預かっている。オレゴンのインディアンが飼っていたものと同じ馬だ。地下足袋に藍染めのゲートルをウロコ状に巻く。こうすることで歩きも安定し、水濡れにも強くなる。ランドクルーザー80は30年以上愛用している相棒だ。

猟のときに銃が当たるので、ザックは背が低いものを使う。釣り竿を差したポケットは自作して後から縫いつけたもの。サスペンダーとベルトを併用。さらにパンツ用と刃物用に革ベルトを2本着ける。刃物は革ベルトに差し、体に密着させて携帯する。鞘から出た平紐はベルトに巻きつける。川辺に降りて釣りのポイントを探す。たえず辺りの音に耳を澄ませ、鋭い目線は近くから遠くまで常に注意を配る。鳥の鳴き声はすべて聞き分けられるし、足音から動物の種類もほぼ分かるそうだ。

ピンクの箱の中にはミミズが。針につけて流し、腹に赤い斑点のあるオショロコマを次々に釣り上げてゆく。簡単そうに見えるがおそらく違う。ナイロン製のクリール（魚籠）を腰のあたりにぶら下げて釣り歩く。15分ほどでかなりの釣果が。これだけあれば今日食べるのには十分だ。

風向きと地形などの条件を読み、休憩場所（野営場所）を決める。砂利が盛り上がり、木立のある中洲近くで休むことにした。雨が降っても水を避けられ、風も避けられる。薪を拾いガラ袋を敷いて腰かけ、焚き火の準備に取りかかる。風向きを考えて川の流れに沿うように枝を並べる。乾いた枝と白樺の皮を砕いて細かくし、固紙をちぎって上に置き、ライターで火をつける。皮がむけ、中がスポンジ状に乾いた枝がいい。白樺の皮は常備している。一気にかなりの量を燃やし、まずは熾火（おきび）を作る。

切り出した大きめの枝で骨組みを作り、細引きで横にも棒を結びつけ、三角の屋根を作る。ナイフで切り取ったフキの葉を裏返して差し込み、日よけにもなる小屋が出来上がった。焚き火があれば、一晩問題なく過ごせる。ガラ袋に足を入れれば防寒にもなる。

オショロコマはフキの葉で包んで焚き火に入れ蒸し焼きに。塩を振っていただく。ひとしきり食べた後は飯盒で骨ごと煮て出汁を取り、塩で味を調えてスープにする。山菜を入れてもいい。いつも白飯は海苔弁にしてたっぷり持っていく。食べきれないものは非常食になる。

巻煙草は手放せない。焚き火でつける煙草は抜群にうまい。頭に巻いたターバンのような長めの手拭いも必需品だ。腰からも手拭いをぶら下げている。手を拭いたり、風が吹けば首に巻いて使うことも多い。最後にもう一度お湯を沸かし、煙草を巻き、角砂糖を入れた甘い紅茶と一緒に。フキの茎は中が空洞になっていて火吹き棒にもなるし、しばらく焚べておくことで柔らかくなり、皮をむいて食べられるようにもなる。最後にクリールで水を汲み、焚き火にかけてしっかりと鎮火させた。

HOW TO SET UP ZELT
ツエルトの張り方

4 ～ 5m間隔の2本の立ち木の間に、太めのロープを張って結ぶ。膝より少し高いくらいの位置。引き解けのがめ結び。

ツエルトからロープに、細引きで自在結びを付ける。あとから張りを調整できるように。ハーフヒッチと引き解け結びを組み合わせた簡単なもの。

Y字になった枝を組み合わせてXを作り、ロープを持ち上げ、下に向かうロープのテンションで固定する。Xの位置をずらすことで微調整もできる。

サイドを持ち上げて室内空間を作る。生えていたフキを利用し、茎に巻き結びでシンプルに結びつけて広げた。下は倒木を寝かせてサイドを押さえてもいい。

ロープのテンションで両端の枝を固定している。こちら側サイドは土に刺した枝の重さで広げる。ペグは枝を削って作る。一晩過ごせればいい。合理的で簡素な手法だ。

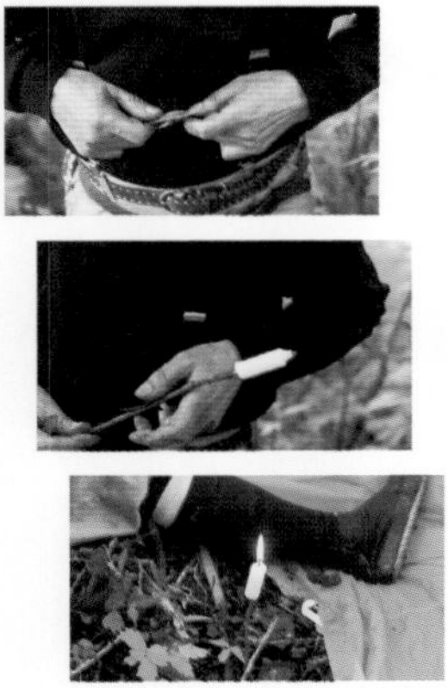

笹の茎先を尖らせてロウソクに差し、土に刺して明かりに。暖を取ることもできる。

BUSHCRAFTERS

01

久保俊治

TOSHIHARU KUBO

山に入る自分が異質であっては駄目なんだ。いかに溶け込めるかが重要なんだ。

久保さんは生粋の猟師だ。北海道小樽市で生まれ、幼少期から父親に連れられて野山を歩きまわり獲物を追ってきた。子供の頃は、木の枝で作ったパチンコで鳥を獲っていたそうだ。これまでに獲った羆の数は80頭近い。いわば伝説の猟師だ。その知識や経験は、ブッシュクラフトにも通じるものがあるはずとの思いから、取材をお願いした。

「ブッシュクラフトの人たちは楽しむためにやってるんだろうけど、俺の場合はそうじゃないからさ。もちろん楽しむために山に入るのはいいことだと思うけどね」。そう言いながら、用意した道具を広げてくれた。キスリングと呼ばれる分厚い帆布のザックの中に、山泊できる最低限のものを詰め込んで出かける。いつもは腹前にライフル銃を携え、山中を歩きまわり獲物を追っている方なのだが、今回は魚を釣り、焚き火で調理してもらうことになった。

使い込まれたザックや真っ黒な飯盒と、ピカピカに光るフクロナガサ（猟師のための剣鉈）のコントラストが面白い。刃物の鞘はすべて自作している。持ち手の柄は革や凧糸を巻き、塗料で固定する。巻き方や色付けがまるで日本刀のようだ。「俺はあんまり上手くはないんだ。でも自分で作ることで刃物にピッタリ合うものになる」。そう言いながら並べてくれた刃物は、どれも手入れが行き届いていて美しい。大切なものなのだということがひと目で分かる。
「刃物っていうのはさ、繰り返し使わないとその良さは分からないものなんだ。何度も使うことでそのものの良さが分かり、さらにいいものが欲しくなる。カミソリみたいに切れるものがいいものだとも限らない。良さも分かってないのに、高いものやいいものを持っても仕方がないだろ?」。耳が痛い。幾度となく山で獲物の腹を割いて皮を剥ぎ、解体してきたからこその重みのある言葉だ。海外製のナイフをネットで見てヨダレを垂らしている場合ではなかったのだ。
「50年くらい前までは、焚き火にしてもナイフにしても生活のなかに普通にあったんだよな。この肥後守だって、みんなこれで鉛筆を削ってた。魚を捕るのも山菜を採るのも、みんな当たり前にやっていたことなんだよ」。確かに戦後しばらくは、薪で煮炊きし風呂も沸かしている家はけっこうあったはずだ。だが今では、灯油はおろかオール電化の家ではガスの火さえ見ることもない。
　餌になるミミズをすぐ横にある馬舎に取りに行く。知床半島の付け根に当たる標津町は、見渡すかぎり牧草地が広がり、その奥には深い森が広がっている。晴れていれば遠くに海が見え、その彼方に国後島も見えるそうだが、生憎の天気で見ることはできなかった。
　底にフェルトが貼ってある地下足袋を履き、スネ回りにゲートルを巻く。「川に入るときはこれが一番だ。脚を守ってくれて滑りにくいし、いろんなことを感じ取れる。俺は底の厚い靴は履かないんだ。だってよ、動物だって靴なんか履かないだろ?」。強烈な例えに返す言葉に困る。だが納得感もすごい。足下から伝わる感触で地面の状態も分かるそう。
　川辺へと降りる凸凹の道は草木に覆われている。車中からも辺りの様子を注意深くうかがい、木の幹や枝に羆やほかの動物の痕跡がないか探っていく。時折なぎ倒されてトンネルのようになった獣道が現われる。「これは昨夜羆が通った跡だなぁ。言っとくけど俺、今日は鉄砲持ってきてないからね。おっかないから羆が出たらすぐに逃げるよ。濡れてもいい靴履いてるよな?」。えっ? そのときは構わずに一緒に逃げますが、そんなに脅かさないでくださいよ!?
「嘘だよ、ありゃ鹿の通った跡だな」
　牧草地からほんの少し入るだけで、そこは完全に野生の世界だ。人工物は一切見えない。深い森の下には、本州では考えられない大きさのフキや笹が生い茂り、不意にどこからでも動物が現われそうだ。久保さんはしきりに周りに視線を注ぎ、絶えず聞こえる音に耳を傾けている。「はじめに耳で聞き取ることがいちばん重要なんだ。そこからさらに研ぎ澄ませていく。目で見るのは当たり前だ。それから匂いだな」。風の通る音。葉が擦れる音。鳥の鳴き声。そして匂いを嗅ぎ、空気の流れを感じ取る。

川辺に着くと釣り竿を取り出し、針にミミズを付け倒木の根の影に落として流す。すぐに一匹目が釣れた。下流に向かってゆっくりと歩きながら、次々と釣り上げてゆく。十分に釣れたので休憩ができそうな場所を探す。土が盛り上がった木立のある中洲で休憩を取ることにした。ここなら視界もいいし風も防げる。ザックを置き、焚き火の準備に取りかかる。手早く乾いた流木を集める。両端に太めの薪を置き、川の字に並べる。火がつくまでは流れるようだ。一気に燃やしてまずは熾火を作る。ガラ袋を敷いて座り、燃えさしの枝を取って煙草に火をつけた。「これがいちばん旨いんだ」と言って笑う。

流木と木の枝を切り出して大きめのトライポッドを作り、フキの葉をかぶせて小屋のようなものを作ってくれた。暑い日には日陰にもなり、上にカッパをかぶせれば、少しくらいの雨ならしのげる。「こりゃブッシュクラフトっていうより、原住民って感じだな(笑)」と久保さん。確かにこれは動物か何かの棲家《すみか》のようにも見え、辺りに完全に溶け込んでいる。山中で何日か泊まり歩き続けていると、自分も動物になったように感じる瞬間があるそうだ。

「普通は山でもうまいものを食いたいって思うんだろうけど、俺はそうは思わないからさ。ほかに目的があるから、時間をかけずに素早く済ませたいんだ。炊いた白飯は持っていくこともあるけどな。でも、ブッシュクラフトもハンティングも、異界に行くという意味では同じかもな。どっちも冒険に行くような要素があるから、似てるところはあると思うよ」

魚籠を持って湧き水の支流まで行き、肥後守のナイフでオショロコマを手早く捌く。腹側、尻尾から刃を入れ、指で頭と腸を取って洗う。フキの葉で包み、熾火で蒸し焼きにする。葉を皿にして塩を振り、木の枝の箸で食べた。「たぶん人類は、焚き火の炎を見つめながら想像力を膨らませてきたんだと思うんだよな。感性って言うのかな」。そう言いながら湯を沸かし、オショロコマから出汁を取ったスープを作る。あっさりとした白濁のスープが、少し冷えた体に染みる。いたって原始的だ。だがとても人間的でもある。

「道具に頼りすぎるのはよくないよ。あれが無いからこれができないってことになってしまう。自然からの距離もどんどん離れていってしまう。最小限のものさえ持っていればなんとかなるもんだよ」。テントで寝るときにも、雨が降ると水が伝って体が濡れてしまうので、全身をカバーするマットレスは使わないのだそうだ。「背中の後ろだけ、体の真ん中に何か敷いて寝れば問題ないんだ。ガラ袋とかを下に敷けば十分なんだ」

「ブッシュクラフトに快適なんかを求めちゃ駄目なんじゃないかっていう気はするね。カンファタブルになりすぎたら駄目なんだよ。いかに知恵を絞って不便を克服するかってことだよな。そうでなきゃ感覚も感性も伸びない。危険なことも体験して覚えてゆくことだから。一度山に入ったら、何があっても今度は家に帰らなきゃならないしな」。確かに野外活動で必要な知識も技術も、実際の体験からしか身につかないものばかりだ。しかも何度も繰り返さないとなかなか身にはつかない。

「決まり事なんてないから、いろんなやり方があっていいと思うよ。だけど、山に入る自分が異質であっては駄目なんだ。いかに溶け込めるかが重要なんだよな。自然の中に入って過ごすときに、そこに気持ちよく溶け込めて、違和感なく過ごせるようになれたらいいよなぁ」。そのための知識と技術なのだ。

「楽しかったね、だけで終わってほしくないよな。本当に楽しいと思うことは、そのとき感じたことだけじゃないと思うんだ。あとから思い出して、あのとき楽しかったな、よかったな、と思えることが本当の経験なんだと思うよ」

何度も「山は異界だよ」と諭された。と同時に「山にはすべてがある」とも。「獣たちの世界なんだ。だから怖いんだ」と。それは逆に自然の側から見れば、人間こそが異常であり異端である、ということなのだろう。

おそらく久保さんは、そのことを誰よりも深く理解しているのだと思う。そして心から北海道の山と自然が好きなのだと感じた。

著書：『狩猟教書』／山と溪谷社　『羆撃ち』／小学館
ハンティングスクール／アーブスクールジャパン
https://ervschooljapan.wixsite.com/website

BUSHCRAFTERS

02

川口　拓

TAKU KAWAGUCHI

埼玉県出身の川口さんは、子供の頃から映画『ランボー』に憧れていたそうだ。大学を出てすぐにアルバイトでお金を貯め、アメリカやカナダに赴き、さまざまなスクールで野外活動とサバイバル技術、それに救護技術などを学んだ。ネイティヴアメリカンの、大地とともに生きる術も学んだ。そして2001年、自然学校「WILD NATIVE」を立ち上げた。時には石を削って刃物にするところから始める、そんな原始的なサバイバルの技術を教えてきた。2015年からは、もっと気軽にサバイバルとブッシュクラフトと、さらに野外での危機管理とリーダーシップも学べる、Japan Bushcraft School（JBS）も主催している。今では、この場所から多くのインストラクターが旅立ち、さまざまな場所で活躍している。

BUSHCRAFTERS
02
川口 拓

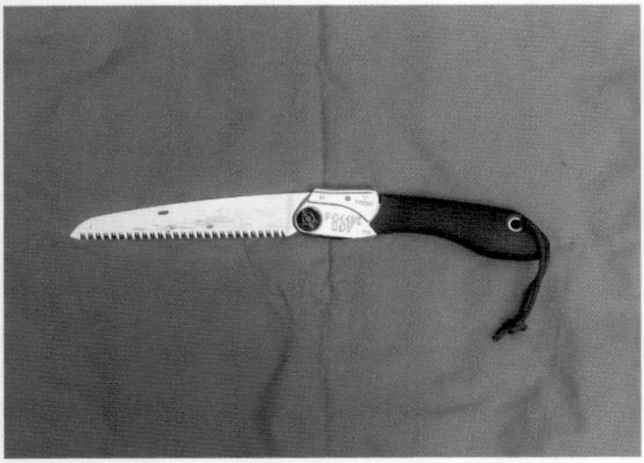

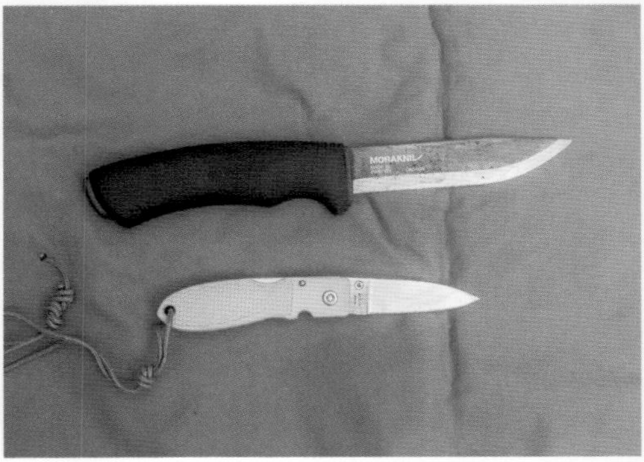

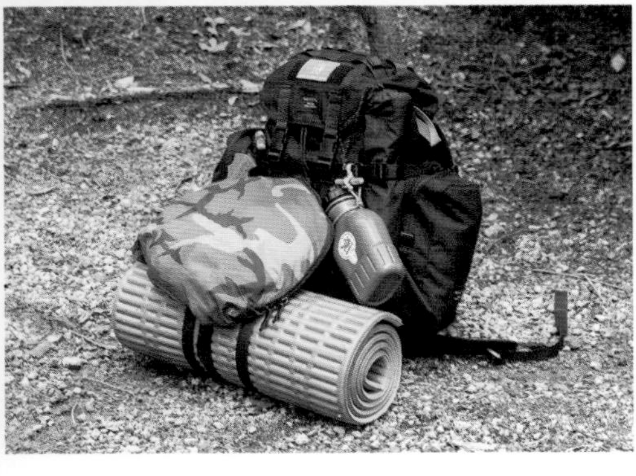

一晩山で過ごすときの道具。このときはいろいろなことに対応できるよう少し多めに持ってきている。それでもザックは30ℓしかない。場所によってはペグもハンマーも持っていかないそうだ。入りきらない場合には写真のサイドポケットを装着して補う。ナイフはシースタイプのものを好む。モーラナイフのブッシュクラフト サバイバル、炭素鋼のものを愛用。手に馴染む感じが好きなのだそう。折りたたみ式ノコギリもあると便利だ。ノコギリはシルキーのポケットボーイ。

パラコードは2種類の長さのものをあらかじめ用意しておき、用途によって使い分けている。両手を広げたくらいの長さを「ヒトヒロ」、折り返して2倍にしたものを「フタヒロ」と呼んでいる。長さで分けていくつか束ねたものをフックの付いたカラビナにまとめ、設営時にはポケットやベルトに掛けておくと便利だ。色で分けてもいい。できれば別に、切っていない少し長めのものも持っていく。

フィールドに着き、野営する場所を決めたら、薪やポールにするための枝を採りに行く。薪はできるだけ乾燥していて、折ったときに「パキッ」と音が出るものがいい。湿気ていると煙が出て燃えにくい。立ち枯れしているものや、枝にぶら下がって空中にあるものが乾燥しているそうだ。このファイヤーウッドキャリーはその場で作ったもの。枝を長いままでたくさん運ぶことができる優れ物だ。

前日の雨で薪が湿り気味だったため、焚きつけ用のファットウッドを採りに行く。赤松の倒木を探し出し、ノコギリで枝を切ってみると、マツヤニの詰まった見事なファットウッドだった。切り出すと辺り一面に赤松の爽やかな香りが充満する。太めの枝を一本いただいて帰り、モーラナイフでバトニングして割り、さらに細かく削っておく。刻んで粉末状にしておけば、メタルマッチで簡単に着火できる。昔から松明などでも使われてきた自然由来のエネルギーだ。

着火剤になる植物を採取して集める。白樺の倒木は切り出す場所にナイフの刃を入れ、刃先を入れて剥ぎ取る。カバ類の樹皮は油分を多く含んでいるため、メラメラとゆっくり燃えてくれる。杉の枯れ枝からは皮と葉を採る。松ぼっくりもいい焚きつけになる。少し火がおきてから、追加のブースターにするといい。センターのものは先ほど採取してきたファットウッドを細かく割ったものだ。

森に入ったら、地面はもちろん、近くから遠くへ、上下左右へと、目線を変えてゆっくり眺めてみよう。何かに使えそうなものが見つかるはずだ。想像力を働かせ、焦らずにゆっくりと見渡すことから始めるといい。いつもは気がつかないものにも気づくかもしれない。「ワイドアングルビジョン」っていうんですよ、と教えてくれた。

木の間にリッジラインを結び、吊り下げてタープを張る。パラコードの端に枝を結びつけて木に回し、もやい結びのループに枝を通して入れ、引っ張って固定する。簡素に見えるが木肌との摩擦を活かすことで、よほどの荷重をかけなければこれだけで固定できる。プルージックと小枝のトグルを組み合わせて吊り下げる。四隅から出ているループにトグルを入れ、高めの枝にクローブヒッチで経由させ、地面のペグと自在結びで繋いで留める。地面にシートを敷く。大きめの水を通さないタイプのものがいい。

米軍のワンアクションタイプの蚊帳を使用する。簡単に設置できてコンパクトにたためる。中にマットと寝袋を入れて使用する。タープにマグネットのランタンハンガーでゴールゼロのLEDランタンを吊るす。ウレタンマットを折り込んで使う座椅子を愛用している。寒い季節でも、お尻も背中も暖かい。シンプルで合理的な道具であれば取り入れて使う。工事現場用の革のベルトフックと一体になったカラビナに、切り分けたパラコードを長さごとに分けてまとめておく。

ファイヤーピットを作って火をおこす。拾ってきた枝を折り、太さごとに並べておく。このときに下に枝を2本渡し浮かせておくことで、地面からの水気や湿気を避けられる。別に小石も集めておく。直径30cm、深さ15cmほどのすり鉢状の穴を掘る。川口さんは貝の口開け用のナイフを使っている。掘って出た土は周りに寄せて土手にする。穴の床面に小石を敷き詰める。地面からの湿気を防ぎ、焚き火の温度が上がることで熾火も安定する。大きめの石を土手の間に挟んでおくことで、風向きが変わったときに石を外すと通気口になる。山型にして太い薪を並べ、内側になるにしたがい細い薪を並べておく。チャークロスと火打ち石で種火を作り、麻紐をほぐしたもので包み込む。ゆっくりと息を吹きかけ、着火させて火口を作り、用意したピットの真ん中に入れる。あとは自然に燃えてゆく。熾火ができるまでじっくりと育てる感覚だ。

火が安定してきたので、次にポットクレーンを作ることにした。3本の枝をジグザグに巻いて結び、土台となるトライポッドを作る。クレーンのアームになる枝は、なるべくまっすぐでしっかりしたものを用意する。一度横に寝かせてみて必要な長さを測っておく。ハンガーを引っ掛ける面を大きく出し、ノコギリで斜めに切り落とす。L字に切った枝でペグを作り、地面側の2カ所に打ち込んで固定する。ナイフで上下2カ所のノッチ（切り込み）を入れたハンガーも作る。

水がこぼれないよう、慎重に引っ掛けてポットを吊るす。火との距離はトライポッドの開脚度で調整可能だ。ハンガーのノッチの数で調整することもできる。バランスが大切になる。はじめから上手くできることはない。何度かチャレンジしてみよう。サバイバルとして、単に焚き火でお湯を沸かしたいだけであれば必ずしも必要ではない。しかし、そこにあるもので何かをクリエイトしてみる、これもブッシュクラフトならではの楽しみ方だ。

ポットは多様な使い方のできるスノーピークのケトルNo.1を愛用している。沢で汲んだ水を沸かしてカウボーイコーヒーを淹れる。汲んだ水はできれば浄水器を通し、さらに煮沸して使うことを勧めている。直火で熱したポットは、持ち手をクロスさせた枝で挟んで持つと注ぎやすい。タープの片側は長い枝で持ち上げ、雨水が後ろに流れるようにした。こうすることで焚き火の影響も受けにくくなる。ゆっくりと森に溶け込んでゆく。心地よい時間だ。

HOW TO MAKE FIREWOOD CARRY
ファイヤーウッドキャリーの作り方

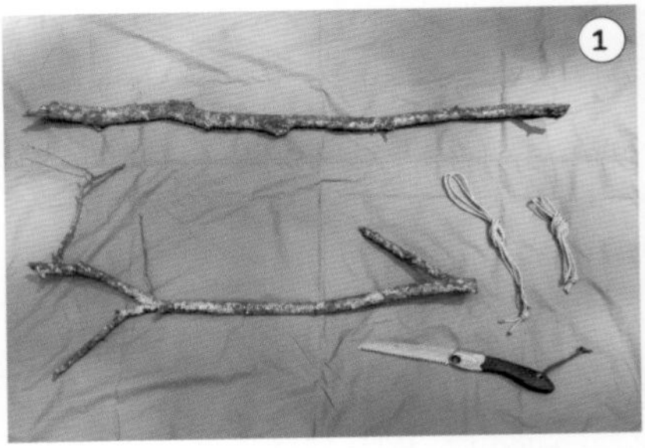

ヒトヒロの長さのパラコードを2本と、大小の長さの枝、それとノコギリを準備する。

1本は肘から指先くらいまでの長さに切り、もう1本は脇から指先くらいまでの長さに切る。

下に枝を置いて切ると切りやすく、刃を傷めることもない。足と手でしっかり押さえて切る。

2本の枝の両端にパラコードを結びつける。端から5cmほどのところに引き解けのスリップノットで結ぶ。

枝の間隔は1mくらい。2本の紐が平行になるように結んでおく。この上に拾った薪を同方向に並べる。

薪が集まったら、長い枝を、短いほうの枝の内側に入れ、持ち上げて肩にかけて運ぶ。コードを解いて結び直すことで長さは後から簡単に調整できる。

BUSHCRAFTERS 02

川口　拓

TAKU KAWAGUCHI

自然のリズムに合わせて自然を味わうこと。
それに必要な知識と技術がブッシュクラフト。

長野県軽井沢町の外れにあるキャンプ場、ライジングフィールド軽井沢。ここは川口さんが活動の拠点としている場だ。場内にはブッシュクラフト専用のフィールドもあり、簡単な説明と講習を受ければ、直火も可能だし、自由に使える枝や切り株もそろえられている。数年前からこの場所でさまざまな講習を催し、座学と実技を教えている。

「僕はできるだけシンプルにしたいっていう気持ちが強いんです。道具も技術も、ついつい増やしたくなっちゃうんですけど、どちらもなるべく少なくしたい」。そう言いながら、持ってきたザックの中のものをシートの上に広げて見せてくれた。1泊から2泊の装備だそうだ。「最近はいつもタープを張ってその先で焚き火をおこして、シートとマットと寝袋で寝ることが多いかな。あとはこのワンアクションテントを使うくらいです。今回はペグとハンマーも持ってきたけど、持ってこないことも多いです。行く場所の状態を分かっていれば、その場にあるものでほぼ賄えるので。こんな感じなんで、どんなテントがいいですか？とか、壊れたランタンの直し方とかを聞かれても、正直僕には分からないんですよね（笑）」。日焼けした顔、着古したTシャツにジーンズ、足元はサンダルという出で立ちで、飄々と話しだしたその姿から、笑って納得してしまった。「本当は素足でもいいんですけどね。でも、教える立場としてさすがにそれはまずいかなとも思ったりして（笑）」
森へ薪を拾いに行く。「森に入ったら、まずはいつもよりゆっくり、歩幅も小さくして歩くんです。そうすると地面からいろんなことが伝わってくる。素足で歩くこともけっこうあります。そうすることで、森の様子がいちばん感じ取れます。そして耳を澄ませて、辺りをゆっくり見渡します」
すぐに両手では持ちきれないくらい集まった。自作したファイヤーウッドキャリーで束ね、肩に担いで運ぶ。長いまで運べるのも便利だ。とてもブッシュクラフト的で実用的な道具だと感じた。
野営場に戻り、設営に取りかかる。あらかじめ同じくらいの長さに切りそろえてまとめてあるパラコードを繋ぎ、木と木の間にリッジラインを結ぶ。プルージックと木の枝のトグルを用いた、シンプルな方法だ。タープを張って下にシートを敷き、ワンアクションテントを広げてその中にマットを敷く。そしてファイヤーピットを掘り、焚き火の準備に取りかかる。一連の動作がゆっくりしているように感じられる。淀みなく進み、気がつけば仕上がっていた。

「ブッシュクラフトをして遊ぶときは、急がずにゆっくりやるようにしています。自分の動きを観察しながら、疲れないように、怪我をしないように。せっかく自然の中で過ごす時間なのだから、〝今〟をしっかりと噛み締めながら楽しむようにしています。一刻を争うようなときは別ですけどね。それこそサバイバルな場面では」。やろうと思えば早くもできるのだが、そこをあえてゆっくり行なっていたのであった。より深く自然に溶け込みたいという欲求を満たし、同時に何事もなく無事に帰る、という基本的な観点からも、急がずに確実に進めることが大切だ、ということだ。

焚き火は後始末が重要だ。燃やしきるために乾いた薪を数本残しておき灰になるまで燃やす。炭が残った際には木で叩いて細かく砕く。灰はできるだけ拡散させて森へ撒いた。焚き火の後には完全に埋め戻して元の状態に戻す。

火をおこしてお湯を沸かす。枝を使ってポットクレーンを作ってゆく。沢で汲んだ水を沸かし、コーヒーを淹れてくれた。「たとえばいつも何の気なしに淹れて飲んでいるコーヒーでも、森で拾ってきた薪で火をおこして、沢で汲んだ水でお湯を沸かして淹れたら、それだけで全然違ったものになると思うんですよね。なんならそれを目的にしてもいい。デイキャンプみたいな、デイ・ブッシュクラフトっていう楽しみ方もあっていいと思います」。確かにそんなふうにカジュアルに、かつディープな遊び方ができれば、すごく楽しそうだ。「日帰りで自然の中に来て、こうして焚き火をするだけでも十分にブッシュクラフトだと思うんです。単にお湯を沸かすってことだけなら、焚き火をしてその上にポットを置くだけでもいいんです。でもブッシュクラフトは、そこに〝クラフト〟って言葉が入っているだけに、さらに楽しみっていうか、創意工夫と趣味嗜好を足していける。こんなふうに木を使ってトライポッドやポットクレーンを作ってみると、もっと楽しくなると思います」

こんなやり方で淹れたコーヒーは、例えいつもと同じコーヒー豆で淹れたものであったとしても、まったく違うものになることは間違いないだろう。「寝る場所でも料理でも、なんでも同じで、自然の中にあるもので工夫してみることで、どんどん楽しみ方が広がっていくと思います」

川口さんが2016年に出版した『ブッシュクラフト―大人の遊びマニュアル』という本がある。そこには、ブッシュクラフトの基本となることがほぼすべて網羅されていると言ってよい。しかし、話を聞いてみると、川口さんの考えるブッシュクラフトはとても自由ではっきりとした形など無いもののようだ。「その人がブッシュクラフトだって思ったら、それがブッシュクラフトなんですよ。決まり事なんて無いんだと思います。サバイバルとブッシュクラフトは地続きで繋がってるんだけど、やっぱり微妙に違う。シビアでハードなものではなく、どちらかというとファンシーでおしゃれなのがブッシュクラフトなのかな？　創意と工夫を加えてクラフトしてみたり、何よりも、体験として〝楽しむ〟ということがブッシュクラフトなんだと思います」

先日、川口さんが主催する Japan Bushcraft School のインストラクター認定講習を見学させてもらったのだが、そこには20代から60代までの男女、職業も経歴もさまざまな人たちが全国から集まっていた。誰もが熱心に講習に耳を傾けてメモを取り実技を学ぶ。皆とても真剣で、でもそこかしこから笑い声も聞こえる、そんな活気ある場だった。森の中でナイフとノコギリと紐を使い、生きる力を学び取る。きっと求められている何かがあるのだろうな、と感じた。

「以前から原始技術とサバイバルの講座をやっていたんだけど、なかなか思うように参加者さんが集まらない時期もあって。どうしてもサバイバルって言うと、一般の人からは少し敬遠されていて距離があるな、と感じていたんです。危険とか汚いっていうイメージがあったのかもしれない。たしか25年くらい前に、アメリカ人の友人からブッシュクラフトっていう言葉を教えてもらって、趣味性もあっていいな、と思っていたんです。2010年頃から日本でも耳にするようになってきて、それで募集要項の中に(ブッシュクラフトで楽しく学ぶ)っていうような文言を入れたら、不思議なことにそれから問い合わせが増えて、女性の参加者も増えてきたんですよ。それだけで文化的なものに感じられるのかな？　でも、結果として助けられましたね(笑)」。今では、時に自衛隊や警察の方に教えることもあるそうだ。

「自分のなかではサバイバルとブッシュクラフトを厳密には分けてないんです。サバイバルの知識と技術を使って楽しむキャンプ術、っていうのがブッシュクラフトなのかな？　デイブ・カンタベリーさんは、必要最低限なのがサバイバルで、そこに付け足していくのがブッシュクラフトだ、っていう言い方をしていますよね」。サバイバルとは、いろいろな条件のなかで生き残るための技術だが、そこに創意工夫と遊びを加え、自然体験として楽しもう！という のがブッシュクラフトなのだろう。

「普段の生活とか意識から一旦離れて、自分を自然のリズムに合わせていくっていうのかな。まずはゆっくりと呼吸をして、体の力を抜いて辺りを見渡して、こちらから自然に合わせてゆくんです。それもまた、ブッシュクラフトの基本かもしれないですね。そして心ゆくまで味わって、自然の中で過ごす時間を楽しんでほしいですね」

川口さんは、とても正直で明るい人だった。周りに人が集まり慕われるその訳が、少しだけ分かった気がした。

著書：『ブッシュクラフト‐大人の野遊びマニュアル』／誠文堂新光社（その他多数）

川口さんの主催するスクール／JBS：https://bushcraft.jp/

BUSHCRAFTERS 03

越山哲老

SATOSHI KOSHIYAMA

長野県岡谷市生まれの越山さんは、小さな頃からお爺ちゃんに借りた鉈を振りまわし、近所の山の中を探検していたそうだ。その後、バンド活動に夢中になり、そして今は、モーラナイフの公認インストラクターとして、さまざまな場所で実践的なナイフの使い方を伝授している。そこに至るまでには、怒りの初期衝動から始まり、やがて自然と人智の共生へとつながる、型破りなストーリーがあった。一時期は、何かを形にしたいと感じているのだが、それが何なのかが解らず、そのモヤモヤを「原始キャンプ」という形で実験していた。やがてそれは「ブッシュクラフト」というものへと収斂していくことになる。一見、眼力の強い強面の大男だが、接してみると思慮深く心優しい。ホームグラウンドにしている森で、そのフィロソフィーを伺った。

BUSHCRAFTERS
03
越山哲老
SATOSHI KOSHIYAMA

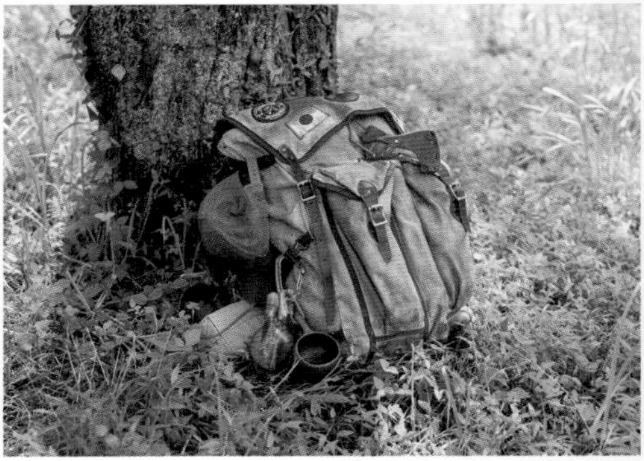

ブッシュへ向かう越山さん。ダルースパックのブッシュクラフターを愛用している。その名のとおりブッシュクラフトに合わせて、丈夫な帆布と革で作られている。ウェアはフィンランドのSASTA。リサイクルポリエステルとコットンの丈夫な素材にワックスがかけられ、火にも強い。ブーツはダナーの米軍仕様。

右から、グレンスフォシュのワイルドライフハチェット。モーラナイフのガーバーグ。ポリアミド製のハンドルで軽くて丈夫。ナイフ界に衝撃を与えた画期的なナイフなのだとか。日本製の雄、モキナイフ。キャンバスマイカルタのハンドルがお気に入りだ。白樺ハンドルのヘレナイフ・ノルドはノルウェー製。左にある小さな白樺のナイフは、友人からの手作りのギフト。これはお守りにしている。パスファインダーのチタン製カンティーンのセットとグリル。調理がほぼ賄える。ウィルドゥのまな板と白樺で作った自作の調理用ナイフ。ベルギー軍のカトラリーセット。下にあるのはダーラムのグリドル。鹿の皮のストライカーポーチ（火の道具入れ）は自作したもの。袋の中には火口（ティンダー）と乾燥させたセージの葉、着火用の火打ち石やチャークロスなどを入れた缶。ナイロンのポーチには、止血用のゴムバンド。サヴォッタのメッシュ素材の斜めジップのポーチには、救急用具やロープ類などを入れている。

高さと角度を計算し、ちょうどよい位置にある枝の分岐点を目がけ、折った枝を結びつけたパラコードを投げ込む。手繰り寄せ枝をトグルにして下方で固定する。パラコードにプルージックを付け、タープの端から出ているループテープに通してトグルで留める。後ろ側も同様に背後に出た枝を利用して持ち上げ、ダイヤモンド張りに。ブッシュクラフト用のタープは、背面にもループが設けられているものが多いのでこのような張り方ができる。こうすることで背後が持ち上がって立体的になり、内側の容積が増え、居住性が上がる。トグルは10mmくらいの太さの枝を10cmほどに折ったもの。ループとコードさえあれば、簡単にいろいろなものをつなぐことができる。パラコードはタフグリッドのものを愛用している。プルージックとトグルの組み合わせを多用することでロープワークを省力し、できるだけ簡単に済ませるのが越山さんのやり方だ。

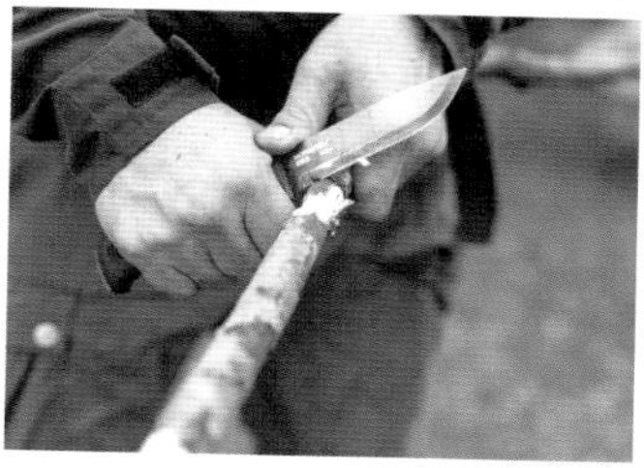

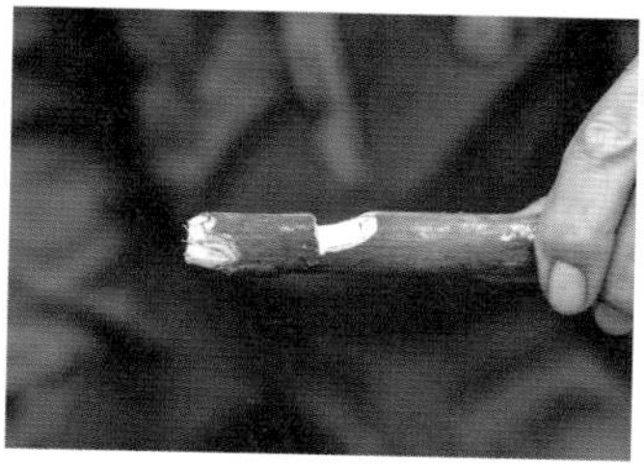

鉛筆削りの要領でペグを作る。力が必要な所は親指を添えて削り、パラコードを掛ける返しを作る。刃を体向きにするときは、必ず手のひらが先に体に当たるようにしてガードする。これは上級者向け。枝を体に当て、ナイフと一体になる感覚が大切だ。後方下4カ所を自作した木ペグでペグダウンし、前後2カ所をパラコード＋プルージック＋トグルのコンビネーションで上方へと張り出し、パスファインダーのタープのダイヤモンド張りが完成。今日の野営場所が出来上がった。

タープの軒先にスコップで穴を掘り、ファイヤーピットを作る。着火用の枝は、木からぶら下がり空中で乾いた軽いものを採取する。バトニング用の棒は、指の付け根から肘までの長さに切ると、自分に合ったちょうどよいものができる。これは乾いたものでなくてもいい。アックスの刃を少し斜めに入れて切る。焚きつけ用の薪をバトニングして用意する。越山さんの作るフェザースティックは芸術的だ。薄くカールしたものを主体に、わざと厚みのあるものも混ぜている。力むとうまくいかないという。

底に乾いた細い枝と葉を置き、その上に順々に太い枝を屋根のようにして重ねていく。フェザースティックにファイヤースターターで着火する。何度か火花を散らし、まずはフェザーを温める。粉を削り落として着火させる。火のついたフェザースティックをピットの奥に入れ、積んだ枝の倍くらいまで炎を上げて一気に燃やし、先に熾火を作ってしまう。一度いい熾火を作ってしまえば、いつでもまたすぐに火をおこすことが可能だ。焚き火をするときはいつもセージの葉をはじめに焚き、その場を浄化する。

日も傾き、夕食の準備に。ダーラムのグリドルを焚き火の上に据え、友人の猟師からもらった鹿の肉と地元の野菜で一人焼き肉。熾火でじっくりと火を通す。味付けはシンプルに塩と胡椒のみ。カッティングボードも使うが、野菜は手の上で切ってしまうことが多い。日が暮れると辺りは真っ暗で、一人闇の中。焚き火の煙と爆ぜる音を肴にククサで飲むウィスキーは格別だ。越山さんは特に、スモーキーなスコッチウィスキーが好みなのだそう。

TRUCKER'S HITCH
レイジートラッカーズヒッチ

小枝を10cmほどで折ったトグルを2本と、2 ~ 3mmのガイラインを30cmほどで切り、輪にして結び、プルージック用のループを作る。別にパラコードにスリップノット（引き解け結び）でループを作る。

支柱となる木にパラコードを回し、先ほどのループにパラコードを通してU字を作り、用意していたトグルを差し込み、引っ張って木に留める。

反対側の支柱になる木から1mくらいの中間地点に、スリップノットでループを作る。反対側の木にパラコードを回して折り返して、先ほどのループに通す。ここが張力の支点になる。

ループに通したパラコードの先に、もうひとつスリップノットでループを作る。

一回り細いガイラインで作っておいたループでプルージックを取り付ける。ループのセンターにパラコードを置き、端を内側に向かって2度回し入れ、パラコードを巻き込んで引っ張る。この摩擦で留める。

取り付けたプルージックのループに、スリップノットのループを通し、トグルを入れて留め、引っ張って固定する。自在結びの代わりにプルージックを用いる。プルージックの輪は直径10cm以上は必要だ。

BUSHCRAFTERS

03

越山哲老

SATOSHI KOSHIYAMA

**ナイフは持つ人のメンタルを写す道具。
大切なのは理性と判断力だ。**

待ち合わせの場所へ向かうと、大柄で長髪の男性がSUVから降りてきた。話しだすと、その声は大きくてよく響く。そして明るくて力強い。初めましての越山さんだ。そこから少し歩いて、いつも使っているフィールドへ案内してもらった。その場所に着くと、グリーンのシートを広げ、ザックの中のものを出し、パラコードを取り出した。慣れた手つきで木の枝を折ってコードに取り付け、頭上の大きな枝に向けて投げた。それを手繰り寄せ、タープをダイヤモンドの形に張っていく。タープの前に焚き火をおこして座り、ここに至るまでの話を聞かせてくれた。

地元の高校を卒業した越山さんは、東京に出てパンクバンドを結成した。血気盛んだった10～20代はバンド活動に明け暮れた。30歳を過ぎた頃、下北沢に革細工とシルバージュエリーの店を開いた。その頃もたまに友人たちとキャンプはしていたが、ごく普通のオートキャンプだったそうだ。

当時、年に数回買い付けと勉強を兼ね、米国のニューメキシコ州やアリゾナ州に出かけていた。そこでのネイティヴアメリカンとの出会いが、その後の人生を変えることになる。「そのときのことって、全部をはっきりと憶えてるわけじゃないんだけど、彼らって自然を必要以上に壊さないいんですよ。薬草を採りに行っても、群生をひとつの家族として見ていて、話しかけて断りを入れて、そのとき必要な分しか採らないんです。それは今でも記憶に残ってますね」。その後も何度か渡米しさまざまな経験を共にするなかで、感化されたことも多かった。「一緒にキャンプをしたときに、いつもみたいに大きな焚き火を作ったら、そんなにバカみたいに燃やす必要はないだろう、って言われてさ。そこでハッとさせられたかな」。最小限のものだけでいいんだと思った。欲張らなくてもいいのだと。

それから日本に戻り、迷宮に入り込んだ。何度も彼らと過ごし、考え方や行動に触れることでその哲学こそが本質なのだと分かった。「インディアンジュエリーのデザインって、実は全部哲学から来てるんだってことが分かってしまって。哲学の無いものをデザインに落とし込むことはできないなって思ったんだ」。それからはジュエリーを作ることができなくなり、仕事に手がつかなくなった。

今の日本では、最小限のものだけで普通に暮らすのは難しい。家族もいればなおのことだ。だが、できるかぎりそれを形にするにはどうしたらいいのか?と考えた。そして東京を離れ、家族で静岡県に移住し、会社員として働いた。

さらにこの頃始めたのが、装備を削ぎ落として野営をする「原始キャンプ」だった。簡単なナイフとシート、ブランケットだけを持ち、あとはその場にあるものを加工して野営していた。あえて持ち物を絞り込み、焚き火をしながらブランケットに包まって、草むらで寝たりしていたそうだ。今にして思うとそのコンセプトは、ブッシュクラフトと言ってよいものだったが、その頃はそんな言葉も知らなかった。富士山麓で野営しているときには、野犬の群れに襲われかけたりもした。だが、なぜかやめたいとはまったく思わなかった。「なんかそのときは、俺は今これをやらなきゃいけないんだ！っていう気持ちでいっぱいだったんだよね」

ちょうど原始キャンプを始めた頃に出会ったのが、モーラナイフだった。それまでもいろいろなナイフを使っていたが、本格的なスカンジグラインドの丈夫なブレードと樹脂製のハンドルを組み合わせ、安価で買える本格的なブッシュクラフト用のナイフは画期的だった。どんどんナイフの魅力に取り憑かれ、夢中になった。そして15年くらい経った頃、どこからか「ブッシュクラフト」という言葉を知った。調べてみると、「あれ？　これって俺がやってきたことと同じじゃん!?」と思ったという。

ブッシュクラフトという言葉自体は、1960年代に、ブッシュ(藪や茂み)の多いオーストラリアで生まれたものといわれている。藪や茂みの中で、ナイフなどを使って道具をクラフトしてサバイブする、という言葉を略したものらしい。それが2008年頃にアメリカで共通の概念として定義され、一気に世界中に広がったという。「北欧が発祥だっていう人が多いけど、それは北欧原産のスカンジグラインドのナイフが、北半球に広がった影響だと思う。元々、世界中にそれぞれのブッシュクラフト的なカルチャーがあったんだと思うんだよね。北米では、マウンテンマンって呼ばれていたような、ビーバーとかの動物の毛皮を捕るために、長期間森に入って狩りをする職業の人たちもいたし。でもこのブッシュクラフトっていう言葉ができてからは、圧倒的に世界中の人たちと話が通じるようになったね」

同じ頃、地元の自然教室でナイフの使い方を教える機会を得た。ちゃんとした作りのナイフが2000円ほどで買えるため、教材として毎月数十本のモーラナイフを買うようになった。そして、「変に疑われるのも嫌だったから、さすがに一度断りを入れたほうがいいなと思ったんだよね」。ということで、モーラナイフジャパンに連絡を入れた。すると、そういうことならオフィシャルのインストラクターとしてイベントで実演してほしい、という話になった。それからは公認のインストラクターとして、毎週末のように各地に赴きナイフの使い方を教えるようになった。そして今はナイフの伝道師として、各地のショップやイベントなどで、安全で楽しく、逞しく生きるためのナイフの術を教えている。

「ナイフはメンタルな道具なんだ。そのときの心の状態が刃先に表われるんだよ」。越山さんはそう言いながら、拾った枝をバトニングして割ってゆく。その枝を手に持ち、今度はフェザースティックを作り始めた。薄くカールした羽が、密になってきれいに連なってゆく。越山さんの作るフェザースティックは、薄くて長い。まるで天使の羽のようだ。

「バトニングにしてもフェザースティックにしても、実は力はそんなに必要ないんだ」。やるぞ!という気持ちが強すぎると、握る手や肩に力が入りすぎ、厚くなってしまうのだと言う。落ち着いて、柔らかい気持ちで持つことが大切なのだそう。「手先だけで使っているように見えて、実は全身を使っているんだよね。杢目と節目を読んでリラックスして当てれば、刃はおのずと入ってくれるものなんだよ。切れないものや割れないものは、無理してやる必要はない。そういうやつは後で薪にして燃やせばいい。力任せにすると、コントロールが利かなくなって、刃こぼれしてしまったり折れてしまうこともあるし、怪我をすることもある。忘れてならないのは、人を傷つけようと思えば簡単にできてしまうものだっていうこと。そこで大切なのは、理性と判断力だね」。
「世界的に見ると、ブッシュクラフトの先生たちって、なぜか元軍人が多いんだよ。たぶん、戦争でPTSDを負って、それを癒やすために森に入って学ぶうちに、そのまま先生になっちゃった人が多いんじゃないかな？　それとタトゥ率もかなり高いね。でも優しい人ばかりで、会うとみんな、森の住人同士って感じですごく仲がいいんだよ（笑）」

これは日本の企業戦士にも通じる話のように感じた。ここ数年のキャンプブームも偶然ではないのかもしれない。
「単なるブームだけではなくて、世界的に求められているような気がするかな。森の持つヒーリングパワーっていうか、樹木が出すフィトンチッドっていう物質は、人の神経を整えて、免疫力を上げるってことが科学的にも証明されてるしね。数日間森の中で過ごすと、ひと月くらい免疫が上がるっていうデータもあるみたい。人間本来の暮らしのようなところもあるし。デイブ・カンタベリーがよく言っていたのが、ブッシュクラフターはサバイバリストである前に、ナチュラリストであるべきってこと。植物のこととか、星のこととか。生態学や博物学を学ぶべきだって」。

越山さんはナイフの達人だが、どこか探求者のようでもあった。「ナイフが好きで、使い方はもちろん、その歴史とかをいろいろ研究して、気づいたら今があるっていうか。でも本当に好きなものがあって、それを通していろんな人と出会えて、自然ともつながってさ。今はこうして自分を表現できているっていうのが、楽しいし、ありがたいよね」

パンクと怒りのエネルギーで武装し、金髪を立てて吠えていた少年は、いつしかブッシュクラフトと出会い、ナイフを通して自然との共生を伝える人になった。考えてみるとどちらも尖っているのだが、まったく逆のベクトルである。

かつてネイティヴアメリカンは、「知識ではなく知恵を求めよ。知識はただの産物だが、知恵は未来をもたらす」「自分よりも偉大なものには、常に畏敬の念を持て」と言ったという。

越山さんが、森に入るときと出るときに、少し頭を下げてその場に敬意を表していたのが印象的だった。

BUSHCRAFTERS
04

長野修平

SYUHEI NAGANO

北海道の苫小牧で生まれ育った長野さんは、子供の頃から家業を手伝い、春になれば家族で森に入り山菜を採っていた。大学を卒業した後に、紆余屈折を経て東京のPR会社で働いた。タワーマンションに住みながら、海岸で拾った素材で、商品宣伝用の飾りを作ったりもしていた。それが人づてに伝わり、いつしかいろいろな仕事が舞い込むようになった。そして今では、ネイチャークラフト作家として、自然にあるものと創意と工夫をかけ合わせたクラフトワークの講座を、各地で催している 。できるだけ素材そのものの姿形を活かし、その趣きと面白さをよしとする作風は、ブッシュクラフトに通じるものがある。野性的なのにどこか優雅で、柔らかいのに芯がある。そんな魅力のある人だった。革のハットは伊達ではなかった。

BUSHCRAFTERS

04

長野修平

SYUHEI NAGANO

サヴォッタのザックを背負って木の階段を上る。ウッドカービング用ナイフセットは、生木を削って器やカトラリーを作るときに使う。ケースはモーラナイフのもの。シルキーのノコギリは切れ味が良く長持ちする。台湾の友人からもらったフェアハンドのオイルランタン。丸い軍モノのバターケースには、塩に少しの砂糖を混ぜたものを入れ、粒の黒胡椒も入れておく。黒胡椒は使用時に砕いて使う。すべての味付けはこれだけで行なうそうだ。手などの小傷は絶えないので、絆創膏とマスキングテープは必須だ。

樹形から選び柱になる木を切り出す。枝を落として整える。丈夫な枝でペグを作りアックスの背で打ち込む。ティピーの下部、九方に丸石を綿紐でくくりつけ、ループを作りペグを打って固定。このとき、何度もねじることでゴムのように伸縮する。柱を持ち上げるとティピーが立ち上がった。入り口は生木の皮をむいた細枝を縫うようにして留めることで、開口を自在に調整できる。できるところまでアックスで行なう。ナイフやノコギリは限られたときにしか使わない。グローブもほぼ使わないそうだ。

優雅で堂々としたティピーの立ち姿。インディアンの最小サイズのものを模して15年ほど前に自作したもの。コットンのみで作られている。上部に窓があり、煙突効果で煙が抜けるので、中で焚き火をすることが可能だ。背後にクロスさせた柱を移動させることで、締めきることもできる。自然素材のみで作られた、移動式のソフトハウスだ。スカートのように縫製されたサヴォッタのウォータバッグは、地面においても水があふれない優れ物。今回は天窓の開口用につないだ木の根の重りとして併用した。

焚き火の準備。枯れ枝を集め、太さごとにまとめておく。乾いてパキパキと簡単に折れる小枝は焚きつけ用に。一発で着火させるために、麻紐はたくさん解いて綿菓子状にする。枝は太めのものを下に、細いものは上に置く。白樺の皮があれば少し刻んで加えるとなおよい。太めの麻紐は常備しておく。メタルマッチで火をつける。ナイフはモーラナイフのカンスボル。安全面を考慮し、あえてオレンジのものを選んで使っている。自然の中で目に留まりやすいので、オレンジのものがある場合は選んで使うことが多い。

山菜を採りに。ナイフは作業によって使い分ける。自宅裏のこの場所にもいくつも食べられる植物がある。山椒の実、ウド、オオバユリの根は、ベーコンと一緒に雑炊にする。ヨモギは麻紐で縛り、焚き火で数時間炙ってヨモギ茶にする。ホオノキの葉はお皿の代わりにもなる。季節によって採れるものや使い方は変化する。安全面を考えて、以前に食べたことのあるもの、知っているものしか食用にはしない。クラフトなどに使う樹種も、皮膚がカブれることがあるので同様だ。

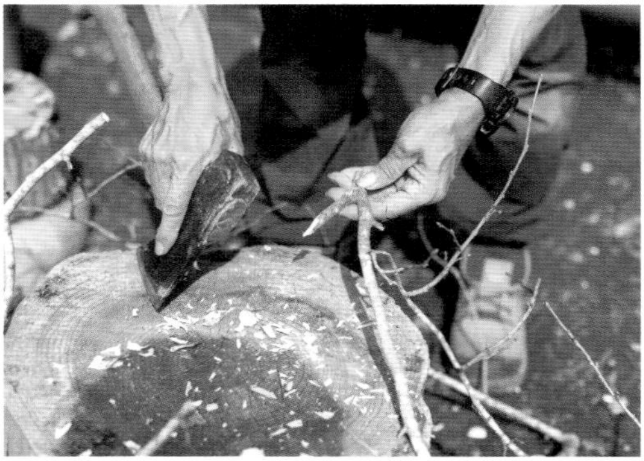

三叉状の大きな枝を見つけたので、ひっくり返してバランスを取り、トライポッドにした。ナイフは、使わないときは丸太に刺しておく。次に使うときにも取りやすく危険も少ない。大量に作り置きしてある自家製ベーコンは、油紙で包んで保存している。返しを尖らせた枝に引っ掛け、麻紐で吊るしさらに燻す。焚き火の隅にパスファインダーの釜戸を置き、飯盒に水とSIGGボトルに入れてある無洗米を注ぐ。保温したいものは焚き火の外縁に並べておく。

丸太をV字に組んだファイヤーピット。簡単で風にも強く火の安定感も抜群だ。ソロのときはいつもこのパスファインダーのカンティーンセットを使う。ほぼすべてのことがこれで賄える。コンパクトにまとまり、ボトルの蓋を外せば、火にくべてお湯が沸かせるし、ケースにしまえば湯たんぽにもなる。焚き火ベーコンは外側から薄く切り取る。先ほど採った山菜と合わせて、米と一緒に炊き込む。燻された肉と脂から塩味と旨味が出る。火バサミは使わない。木の枝があればいいのだ。

自家製ベーコンと山菜の雑炊。超絶美味でした。驚くべきことに、盛り付けてある器も同時進行でその場で作ったものだ。奥のククサも手前の竹のお箸セットも、以前に自作したもの。年季の入ったククサにはヨモギ茶。丸太の面をアックスで削り出してテーブルにした。白いヘンリーネックシャツは、コットン/ウールが50%ずつのアメリカのライリーのものを長年愛用している。身につけるものはコットンやウール、レザーなど、火の粉が飛んでも穴のあきにくいものが多い。

日暮れ後。群青色に染まった空と暗闇の中に、内と外の両側からの焚き火で、橙色に照らされたティピーが浮かび上がった。まるで、アメリカの開拓時代の映画から抜き出したかのようだ。ティピーの中で焚き火をすることで、虫をよけ、適度に乾燥させてくれる。燻すことでカビも防ぐ。眠る前に外で大きめの焚き火をおこしたので、ベーコンは高さを上げ、火から遠ざけている。これまでに時間を見つけては木の枝と紐で作ったピンとフック。ティピーの入り口を留めたり、さまざまなものを吊るすのに使える。

ティピーの中では、直火をしているような感覚で使えるタキビズムのJIKABIを愛用している。横にケトルなどを置けるのもいい。サヴォッタの軍用のマットの上にトナカイの皮を敷くと冬でも暖かい。コーヒージャンキーを自認する長野さんは、いつも傍らに煮浸したまま飲めるレンメルコーヒーを作り置きしている。塩をひとつまみ入れて飲むのが正しい飲み方だ。真鍮の缶の中には何度も煮詰めて精製したエゾシカの油が。切り傷に擦り込んだり、木の器や革製品に塗ったり、料理もこれで行なえる。万能なのだ。

HOW TO MAKE A CUP
器の作り方

太さ10cm強のホオノキを、長さ20cmくらいに切り出す。ノコギリはシルキー・ポケットボーイカーブ170mm。

アックスで真っ二つに割る。ホオノキは柔らかく加工しやすい。ちょうど真ん中が抜けていたので作りやすそうだ。この形状を見て、舟型の器を作ることにした。

小さめの炭を真ん中に置き、息を吹きかけて焦がしていく。炭を取り替え、焦げ目の方向や幅を見ながら、向きを変えて吹きかける。焦らずじっくりと。

小石で炭化した焦げ目を削り取っていく。削り取ったら、再度炭を置いて息を吹きかけ……を何度か繰り返し、理想のくぼみを作っていく。

内側のくぼみがいい具合に開いてきたら、アックスで外側を削っていく。最後にナイフで調整を施し、形を整える。

精製した鹿のオイルを塗り込んだら完成だ。真ん中が抜けていたため、両端に通り口ができて味わい深い形に。

BUSHCRAFTERS

04

長野修平

SYUHEI NAGANO

一人だけど“独り”じゃない。
人とつながり、自然と遊ぶ。

東京郊外の里山の中に、長野さんの自宅はある。背後には、多くの自然の草木が残る裏山が広がっている。長野さんには、ネイチャークラフト作家や野外料理人などの肩書があるが、つまりは野外活動の達人である。モーラナイフやフェールラーベンなど、国内外のブランドのアンバサダーも務めている。毎週のように全国のイベントで講師などもしているので、ご存じの方も多いかもしれない。

自身で切り開いて作ったという裏山にある広場で、焚き火で料理をしてティピーに泊まる。その内容を見せてもらった。

サヴォッタのザックに必要なものを詰め込み、入りきらないものは外にくくりつけ、ゆっくり階段を上ってゆく。広場に着くとザックの中身をトナカイの毛皮の上に広げ、使い慣れた道具たちの経緯を話してくれた。

「僕は物語のある道具が好きなんだ。ここに来た理由とか経緯のあるものっていうのかな。いろんなブランドから選ぶっていうよりは、素敵だなと思う人や、信頼できる人とつながって、そのなかで僕の元に来たものを使うことが多い。仲間がこれいいよって教えてくれたり、使っているのを見て、真似して入手することもある。でも、できるだけ削ぎ落として、使って気持ちいいものしか持っていかないね」
グレンスフォシュのアックスは、ブッシュクラフト界の重鎮、デイブ・カンタベリーさんとワークショップで一緒になったときに、彼が使っていたものをもらったのだそうだ。カービングナイフも同様に、ウッドカービングの名手、ヨゲ・スンクヴィストさんからのギフトだそう。
「この2つはブッシュクラフトのときはいつも持っていくね。僕のパートナーっていうか、守り神みたいな存在なんだ。どこにいても彼らと一緒にキャンプしているような気持ちになれるんだよね。尊敬している人からギフトされたものを使えるってことが嬉しいし、幸せなことだと思う」
長野さんの周りにあるものたちは、単なるモノではなく、間に「ひと」が介在するものばかりだった。「顔の見えるものが近くにあると、その人を感じるんだ。山にいても一人ぼっちじゃない気がして寂しくないんだよね(笑)」
ブランドやメーカーも含め、造り手とつながっているものや、素敵な人と知り合って、その縁から自分の手元に来たもの。そんなものを使うことが好きなのだと言う。ブッシュクラフトというと孤独で、森や藪の中で一人きりみたいなイメージだが、長野さんの場合はそうでもないようだ。

北海道苫小牧の実家は、山菜料理の専門店を営んでいた。そのため、子供の頃から春になると両親と一緒に山に入り、背負籠にいっぱいの山菜を採って帰ったそうだ。「アウトドアの師匠と呼べるような人はいないけど、あえていうと母親かな」。いつも山菜を抱えて森の中を歩いていた母親の姿が忘れられないのだそう。いつもそれについて歩いていたのだから、当然、山菜やその調理法についての知識はプロ並みだし、樹木についての知識も深い。
「見いだすセンスっていうのかな。枝にしても木の実にしても全部違うでしょ。それぞれの特徴と良さを見いだして、それを活かしてものを作り、楽しむことが僕は好きなんだ。いろんなロープワークを覚えて使いこなすことよりも、そうやって自然のもの、そこにあるものを活用することのほうが、僕は得意なんだよね」。こうあるべき、といった決めつけは一切なく、風に揺られる枝のように柔軟に、自由な発想で見いだし作り出す。これこそがネイチャークラフト作家たる所以なのだろう。
「その場所の素材をどこまで使えたかっていうのが、そこに溶け込めた証だと思うし、できるだけその場にあるものを利用するのが大切だと思う。もちろん場所ごとに決まり事もあるし、自然にインパクトを残さない、という気遣いは必要だけどね」。それができたと感じたときは、いつも満足度が高いそうだ。このときも、枝や根の形や大きさを見て、次々と使い方を編み出してゆく様には感心させられた。

「だけど、今でも知らないものやよく分からないものは使わない。そうすることで確実に毒や皮膚かぶれなんかを避けられるから。知らない植物や場所では、何かあるかもしれないと思って臨むことが大事です」。これだけ詳しくて経験も豊富なのに、恐れる姿勢は崩さない。野外活動での事故や怪我を防ぐためには、この姿勢が大切なのだろう。

「実際の森やブッシュに入っていくと、本に書かれたようなマニュアルどおりの場所ばかりじゃないんですよ。欧米には竹も笹も無いし、気候も植物も地形も全部違う。国内でも地域によって違う。だからその場その時で、自分で判断してベストだと思うやり方でやるしかないんです。これがないからあれができない、じゃなくて、まずはあるものでやってみる、っていうのが僕は素敵だと思います」

これがあるなら、こんなことができるかも?というふうに、見つけ出す考え方が大切なのだ。そのためにはいろいろと試してみて、たくさん失敗することも必要だ。

よく見て感じて、そこから見いだす、という長野さんのやり方。これはブッシュクラフトすべてのことに言えるかもしれない。ティンダー（着火用の素材）にしても、あるもので試して失敗を繰り返すことで、その環境下で何に火がつき、どうしてつかないのかを、身をもって知ることになる。

「でも、いろいろ試してみて、どうしても火がつかないときは、常備してある麻紐を使ってください（笑）」

長野さんは、子供の頃から古いアメリカ映画が大好きだったそうだ。「敵に追われたヒーローが森に逃れて、獲ったウサギを焚き火に吊るして焼いたりしてさ。それをナイフで切り取ってそのまま食べるのを見て、すごく憧れたんだ。これがやりたい!ってずっと思ってたんだよね」。だが、ウサギやバッファローを獲るわけにもいかない。何かできないか?と考えだしたのがこの焚き火ベーコンだった。

ハーブと胡椒、砂糖少々を加えたブレンド塩を、豚肉にすり込んで四日ほど寝かした後、焚き火の煙と熱で長時間燻すことで水分が抜け、殺菌され、発酵が進み旨味も増す。さらに燻すことで固くなり、切り分けて包めば行動食にもなる。

「噛めば噛むほど味が出るし、塩分、糖分、タンパク質、全部摂れて、出汁も取れる。けっこう万能なんだよ。」

闇夜に浮かび上がるティピーと焚き火の風景は、まるで西部劇の映画から抜け出してきたかのようだ。どこからともなく、狼の遠吠えが聞こえてきそうである。

「自分のやっていることに酔うってことも大切な要素なんだ。主人公は自分なんだ。そして、生きてるぞ！っていう感覚を味わってほしいよね」。ブッシュクラフトはアクティビティではあるけど、単なるレジャーではないと言う。それは、自分自身のスキルを深めれば、それだけ返ってくるものも大きい、ということなのかもしれない。

社会の中で生きるということは、ある意味歯車になる、ということでもある。それは生きがいにもなり得るが、時には擦り減らしてしまうこともあるだろう。

「錯覚でもいいからさ、あたかも自分自身の力だけで生きているような感覚を楽しむのがいいんだよ。それもブッシュクラフトの魅力だよね」。誰に迷惑をかけるでもなく自分と向き合い、同時に自然とも向き合い、静かに生きている実感を取り戻すことができるのだ。

「今はインターネットで、会ったことはないけど、ブッシュクラフト好き同士で簡単につながれるでしょ。僕の場合はモーラナイフのアンバサダーのグループだったりするんだけど、海外のイベントに呼ばれて行くと、そんな人たちと初めて会う機会がけっこうあって、お前がナガノか〜!?って言って、向こうから抱きついてくるんだよね。そこでアイデアやモノを交換し合ったりしてね。ブッシュクラフトの文化って世界共通だから、派閥も人種も関係ない。会うとみんな、兄弟みたいに仲がいいんだ。先住民族もみんなそうなんだけど、みんな優しくて正直。直感で生きてるんだよ（笑）」。

仲間思いで優しい人柄から、いつも自然に人が集まってくるのだろうなと感じた。

原始的で単純なことのようだが、ブッシュクラフトは進化の途中なのだと言う。「世界中のブッシュクラフターたちは今も進化しているんだよ。僕も日本のことを聞かれることも多いよ。みんな、知らない知恵を吸収したいっていう情熱がすごいんだ。そしていろんなやり方があっていいし、人が自分と違うやり方をしていても、ちゃんとそれをリスペクトしてあげる。そんなところも彼らの素敵なところなんだよね」

1＋1＝何通りもあると言う。答えはひとつではないのだと。里山暮らしではあるが、人とつながって交流を重ね、これからも充実していくのだろう。

BUSHCRAFTERS

05

相馬拓也

TAKUYA SOUMA

千葉県出身の相馬さんは、20代は都内でIT系の会社でサラリーマンをしていた。その後、電子タバコのネット通販で独立起業した。同時期に狩猟免許を取り、ハンティングと渓流釣り、それにクロスカントリーでの4WD車遊びに夢中になった。そして2014年にサバイバルJPという通販サイトを立ち上げた。ツリークライミングも学び、シビアなロープワークも徹底的に学んだ。その知識量とスキルの幅は底知れないものがある。やがてブッシュクラフトという言葉と文化に出会い、その懐の深さと広さに魅了された。そしてその名もズバリなBush Craft incという名の会社を立ち上げることになる。ハードコアなサバイバルから、マイルドで懐の広いブッシュクラフトの世界へとたどり着いた、その遍歴と世界観について伺った。

BUSHCRAFTERS
05

相馬拓也
TAKUYA SOUMA

高萩市を流れる大北川を堰き止めて造られた小山ダム。発電用のダム湖だ。水辺の船着き場のような場所へ。この場所は許可を取った人しか入れない。愛車のラングラー ルビコン2ドアソフトトップに牽引トレーラーを付け、さらにその上にカナディアンカヌーを載せて運んできた。カヌーと荷物を下ろし水辺に運ぶ。対岸までカヌーで荷物を運び、そのあとは背負ってフィールドへと向かう。こんなふうにカヌーやカヤックを組み合わせたキャンプも可能だ。このカヌーはBush Craft.incで取り扱っている。

対岸からカヌーに乗って、キャンプ用のフィールドまで直接乗り入れることができる。邪魔にならない場所に係留しておく。腰につけているのはシマノの膨張式ライフジャケット。ザックはMAGFORCEとコラボし、ブッシュクラフト用に試作中のものだ。右側に吊り下がっているのは、Bush Craft incのネオプレーン製ランタンソフトカバー。ここから歩いて野営場まで行くことができる。敷地は広大で、気を抜くと迷子になりそうなほどだ。キャンプ場の受付へは車で行くことももちろん可能だ。

シートは厚くて大きめのものを用意する。かぶせれば大雨のときにも荷物を守ってくれる。お昼はチキンラーメンで簡単に。大きめのシェラカップは、袋麺に合わせたサイズの自社製品。自生している山椒の葉を入れてみた。入場時に渡される、ガイラインにスパナの付いたメジャーを使って自分で測り、太さ21～60mmの生木は、切ってブッシュクラフトの素材として使用可能。ほかにはないユニークな仕組みだ。山栗を拾ったので後で食べることに。グローブも自社製の防刃グローブだ。

ツリーストラップを木に回しハンモックを掛ける。ダイニーマ製のストラップとの間にレインドリッパーを掛ける。レインドリッパーはオリジナルの製品で、雨水の浸入を防いでくれる。上部にポリコットン製のタープ用に少し太めのロープを張る。エバンスノットとトラッカーズヒッチ、自在結びを組み合わせ、最後は引き解けの本結びで仕上げる。タープはロープの下にプルージックとトグルで吊り下げる。ペグは切った木で作ったもの。タープ、バグネット付きのハンモックなどは、ほぼ自社で開発中のものだ。

場内には渓流が流れていて、時期によっては釣りをすることも可能だ。ヤマメを狙ってフライを振る。狭い小川のため、6フィートの短いフライロッドをチョイス。今回は岩手県のブランド、カムパネラ製。はじめにフロータントスプレーを吹いて浮力を付けたパイロットフライを投げてみて、その日その場の感触を確認する。フライフィッシングの道具を入れたサコッシュと、さまざまなタイプが収まったフライボックス。暇を見つけては全国の湖や渓流に釣行に赴いているそうだ。

ブッシュクラフトをメインに活動し始めてから、本格的にフライフィッシングにも取り組みだした。行った先の自然の中で、野草や木の実などの植物だけでなく、高カロリーな動物性のタンパク質を確保したい。その術として、狩猟はハードルが高すぎて一般的ではない。それをかなえるのに日本で最も気軽にできるのが釣りだ、という考えに行き着いた。そのなかでもフライフィッシングは、自然との距離感も近く最もブッシュクラフトとの親和性が高いと感じている。いいサイズのヤマメが2尾釣れた。夕食のおかずにするための下準備をしておく。ランディングネットでつかみ、ナイフで腹を割きワタを出す。取り除いた腹ワタは埋めるか森に捨てる。水が汚れるので川には捨てない。プラティパスの浄水システムで川の水を浄化する。Dirtyとプリントされたポリウレタンの袋に川の水を汲み、フィルターを通してもう一方のCleanの袋に浄化水をためて使うことができる。ナイフはサンプルのテストも兼ねている。開発中のものはステンレス製フルタング、スカンジナビアエッジ。ハンドルはマイカルタ製だ。

焚き火の準備に取りかかる。焚きつけにする細くて乾いた枝を集めておく。折りたたみ式のスコップで幅30cm、深さ15cmほどの穴を掘る。穴の底に乾いた薪を置く。バトニングで薪を細く割り、フェザースティックを作る。麻玉にメタルマッチで火をつけ、フェザースティックをゆっくりかぶせて火を移す。ブラスターで空気を送り込み、火を大きくしていく。Bush Craft incのカンティーンセットの中にはシーズニングの缶がピッタリと収まっていた。無洗米と一緒に入れて持ってきた。

拾った栗は爆ぜるのを防ぐため、アックスの刃の角を押し当てて少しだけ切り込みを入れておく。熾火の上に石を置き、その上にのせてじっくりと焼く。笹の茎を先ほどのヤマメの口から刺し入れ、粗塩を振る。笹を火の周りの土に刺し、石を使って角度と位置を調整し、じっくりと焼いていく。と同時に、カンティーンで米も炊く。相馬さんは、焚き火料理の肝は待つことだと言う。焦ってはいけない。特に熾火で作る料理はじっくり火を通す必要がある。このときは30分ほどかけて美味しく焼けた。

HOW TO MAKE LANTERN HANGER
ランタンハンガーの作り方

太さ2.5cmほどの生木の枝2本を用意する。柱になるものは長さ70cm、アーム用は30cmくらい。まずは位置決めのため、枝を当てて全体を見て、完成をイメージする。

ノコギリでハの字に切り込みを入れ、蟻ミゾを作る。刃が入りすぎないよう注意し、半分くらいまで慎重に切り進める。ここで前後左右が決まる。

台の上に置きナイフの刃先を当て、エンドをもう片方の枝で優しく叩いて中を割って切り離す。少し刃が入ったらひっくり返して反対側からも叩いて切り離す。

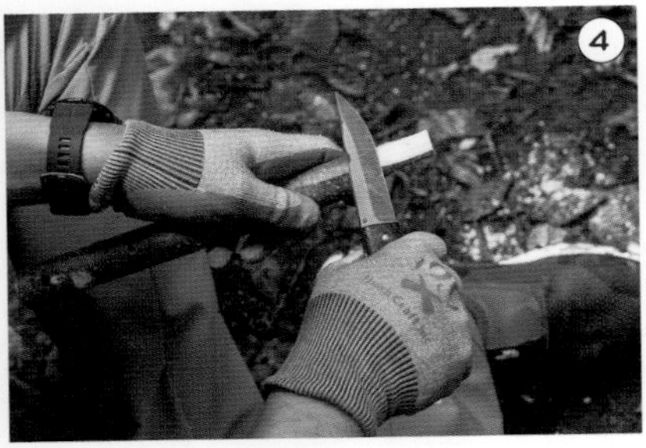

アーム用の枝先をナイフで削り蟻ホゾを作る。まずは平面を作り、それを基準に三角に削り出していく。途中、柱の蟻ミゾに当てながら形と大きさを調整する。

ミゾにホゾを差し込み微調整する。遊びがないか確認し、奥まで差し込んで完成だ。柱の下部、地面に刺す部分はあらかじめ削って尖らせておくとよい。

オイルランタンを掛ける。ずり落ちないように、引っかかる箇所に少し削り込みを入れてもよい。角度によっては必要がないことも多い。フルタングのナイフを使おう。

BUSHCRAFTERS

05

相馬拓也

TAKUYA SOUMA

ブッシュクラフトの懐は広くて深い。
気軽に真似をして、いつものキャンプに取り入れてほしい。

相馬さんはブッシュクラフト株式会社の創業者兼社長である。まだそれほど世間にブッシュクラフトという言葉が浸透していなかった2018年に、山と溪谷社から『ブッシュクラフト入門』という本も出している。ブッシュクラフトという言葉がそれほど知られる以前から、フィンランド在住のブッシュクラフターである大泉氏とも交流し、ブッシュクラフトに関する動画を発信してきた。そのさらに前、10年以上も前から、YouTubeで狩猟テクニックや4WD車のクロスカントリーでの使い方などに関する動画を発信してきた。

「自分の好きな分野で商売をしたいと思って、10年くらい前に、はじめはサバイバルJPっていうサイトで物販から始めたんです。同時に動画も撮って編集してYouTubeに上げることも始めました。はじめが狩猟からだったので、その頃はブッシュクラフトっていうより、もっと荒っぽい、サバイバルっていう感じでした。ブッシュクラフトっていう言葉も知られてなかったし、世の中にも浸透していなかったので、まだちょっと早いかなと思ってサバイバルっていう言葉を選んだんです」

20代の頃に狩猟免許と猟銃所持の許可を取り、狩猟や釣りをしていたという。そこからブッシュクラフトというカルチャーを知り、フライフィッシングも探求した。フィンランド在住のナイフ作家でブッシュクラフターである、大泉さんとも親交を深め、実際に彼の住んでいる家まで行き、一緒に「プーッコ」という伝統的なナイフを作らせてもらったり、森の中でキャンプをしたりもした。

「4駆が元から好きだったっていうのもあるし、山奥まで行くので、本格的な4WDの車をずっと愛用しています。気づけばうちの社用車もほぼ4駆になってしまいました(笑)」

サバイバルという「目的」からブッシュクラフトという「手段」へと興味が移って広がり、8年ほど前にその名もズバリなブッシュクラフト株式会社を立ち上げた。

「今までにない言葉だったし、その内容と世界観もいいなと思って会社の名前にしちゃいました」。そんな相馬さん率いるBush Craft incが、これまでに無かったようなスタイルのキャンプ場を新たに作っているという。高萩市との協力のもとに立ち上げたキャンプ場、ブッシュ&レイクだ。ダム湖の周りの広大な山林に広がっていて、とにかく広い。はじめに簡単な講習を受けることで、直火はもちろん、生木を切って使うことも可能だという。「普通はあり得ないことなんですけどね。でもここでは、基準内のものは切って使うことができます。行った先に生えている木を切って使うのがブッシュクラフトの本来の姿ですから」。まさにブッシュクラフターにとって天国のような場所だ。

「カヌーに荷物を積んで対岸まで渡り、そこから歩いて山の中に入って行って、気に入った場所でキャンプをすることができます。フィールド内に渓流が流れているので、季節とかそのときの状況にもよりますが、基本的にチケットを買ってもらえば釣りもできます」。手漕ぎのカヌーで対岸の小さな砂浜まで渡り、そこから森の中を歩き、山を登ってフィールドにたどり着いた。車を降りてからここまで小一時間。すでにちょっとした冒険だ。自分のカヌーを持ち込むこともできるし、何種類かのカヌーのレンタルもしていく予定だ。もちろん車だけで行くこともできる。

森の中の少し開けた場所に着いた。大きめのシートの上に荷物を下ろして広げ、腹ごしらえのラーメンをガスストーブで作って食べてから、タープとハンモックの設営に取りかかる。相馬さんはロープワークに関してもかなりの達人である。「いちばんはじめに覚えたのは、確か自在結びだったかな? だいぶ前に、モンベルの店員さんに教えてもらったんですよ。それからツリークライミングをするようになって、徹底的に勉強した時期があったんです。ツリークライミングって、全体重を一本のロープにあずけてぶら下がることになるので、間違いが許されないんですよ」。そう言いながら、スルスルとロープを木の間に掛け、タープとハンモックを設置していった。トラッカーズヒッチとカラビナを組み合わせ、ピンピンに張ってゆく。重めのコットンなどのタープを張ってもびくともしない丈夫さだ。

今回使ったのは、開発中のポリコットンでできたタープと、これまた開発中の、軽量なナイロン製のハンモックの組み合わせだ。通常のハンモックだと、雨が降ったときに木とハンモックをつなぐ紐を伝って雨水が入ってきてしまう。それを防ぐための、レインドリッパーという、ステンレスでできた特別な道具も相馬さんが考案したものだそうだ。

「モノを作ったり新しい商品を考えたりするのは好きですね。動画を撮ってウェブに上げたり、メディアに出るのも楽しいし好きかな。形になったものが残るから。そうでないと遊んで暮らしてるように見えちゃうじゃないですか（笑）」

そう言って楽しそうにタープの下に道具を吊るしてゆく。実に楽しそうな仕事であるし、遊び方だなと思う。

サイトの設営が終わり、すぐ裏手にある沢に魚を釣りに行くことに。これまでに幾度も山奥の渓流でフライフィッシングをしてきた相馬さんは、釣りの腕もかなりのものだ。その様子はYouTubeでも見ることができる。慣れた手つきで釣り竿にフライを付けて沢に降り、1時間ほどで良型の2尾のヤマメを釣ることができた。

「ブッシュクラフトには、固まった定義はないと思うんですよね。とても寛容で懐の広いカルチャーです。ハンティングもフィッシングもそうだし、獲ったものを捌いて食べることもそうだし、革をなめしたりその革で革細工を作るのもブッシュクラフトですから」。相馬さん曰く、森の中で生きるための知恵を学ぶ心のある人、取り入れて楽しめる人であれば、みんなブッシュクラフターなのだと言う。

「初めて見る人は魔法のように思うかもしれないけど、人が大昔からやってきたことでもあるし、実はやろうと思えば誰にでもできることなんですよね」。サバイバルというと、戦場での生き残りをかけた戦いといったイメージだが、ブッシュクラフトはもっとマイルドで、普段の生活に根ざした文化のようなものだ。しかし、かと思えば、災害時などの非常時にも役に立つスキルだという側面もある。

サイトに戻って夕飯の準備に取りかかる。穴を掘り、底に薪を敷いて並べる。小枝を集め、フェザースティックを作って焚き火をおこした。自社製のキャンティーンクッカーで米を炊き、笹の枝に刺したヤマメを焚き火の周りに立てて遠赤外線でじっくりと焼いてゆく。

「ここ数年でキャンプ人口はすごく増えたと思うんです。そのなかの1割でもいいので、もっと深いところへ興味を持ってくれて、ブッシュクラフトにまで足を踏み込んできてくれたらいいなって思います。普通のオートキャンプやファミリーキャンプに、ブッシュクラフトのエッセンスを取り入れて楽しんでほしいっていうか。たとえばキャンプの焚き火で、ライターではなくてメタルマッチで火をおこしてみるとか、そうやって、やったことのないことを取り入れてみると、さらに楽しくなるんじゃないかなって思います」

普通の人が、いきなりまるで原始人のようなスタイルでキャンプをするのは、ハードルが高い。でも、いつものスタイルにちょい足しで、いくつかブッシュクラフト的な方法を取り入れることで、これまでにないプリミティブな楽しみ方ができると思う、と相馬さんは言う。「僕も今日は素早くお昼を済ませたかったので、ガスストーブでチキンラーメンを作ったけど、こうでなきゃ駄目とか、そういうのはないと思うんです。もともと自由な文化だと思うから」

そんな話を聞いていたら、すっかり日が暮れていた。藍色に包まれた森の中に、焚き火とその光に照らされたタープが浮かび上がる。まるで海底に浮かぶ深海魚のようだった。

「グループもファミリーももちろんウェルカムです。なんですが、ソロでブッシュクラフトスタイルのキャンプをしている人たちって、なんだかんだ寂しがりな人も多いんですよ(笑)。本当は集まって焚き火をして、みんなでお酒を飲みたい、みたいなね。だから、そういう人たちが集ってワイワイ楽しめる場所を提供できたらな、と思っています」。そう言って明るく笑う相馬さんの周りにも、アウトドアが大好きなスタッフがたくさん集まり、このときも終始和気あいあいとしていたのであった。

著書:『ブッシュクラフト入門』/小社
Bushcraft.inc : https://www.bushcraft.co.jp/
日本ブッシュクラフト協会 : https://bushcraftassociation.jp/
サバイバルJP : https://wtd-survival.co.jp/

BUSHCRAFTERS 06

長谷部雅一

MASAKAZU HASEBE

埼玉県川口市生まれの長谷部さんは、冒険癖があり、どこか遠くを夢想する子供だった。友達と自転車で他県の漁港まで行き、見ず知らずの漁師さんにご飯をご馳走になったり、自転車で佐渡ヶ島まで行き、一周して帰ったりしたそうだ。大人になってからも旅と冒険はエスカレートし、パタゴニアやキリマンジャロ、南米各地など、世界中のさまざまな場所へ出かけていった。同時に猟とアウトドア、2人の師匠につき、さまざまな知識と技術を学んだ。その後、自然体験や教室を催す会社のスタッフとして働き、教室や講習を通して、たくさんの人たちと一緒に学び、楽しんできた。メディアや雑誌でも活躍し、書籍も多数出版。そして昨年、満を持して独立を果たした。そんな長谷部さんに、ブッシュクラフトでのキャンプを見せてもらった。

BUSHCRAFTERS 06

長谷部雅一

MASAKAZU HASEBE

ザックはミステリーランチのピントラーというモデルで、本来はハンティングなどで使われるものだ。丈夫で使いやすく、ザックに入りきらないものをフレームと本体の間に挟み込んで運べる。シアトルスポーツの赤いソフトクーラーには食材が。長谷部さんは道具を自作することも多く、この、シートにもなり風呂敷にもなるアイテムも自作したものだ。『自作キャンプアイテム』（グラフィック社）という本も出している。取り出してみると、かなりの量が入っていたことが分かる。2～3日は野営できる装備だ。

材料を採りに川沿いの藪へ。ノコギリも場合によっては使うが、枝払いなどのブッシュでの作業では、片刃のナタを使うことが多い。ナイフよりパワーがあるため、太めの枝でも切りやすい。ナタの刃を少しだけ蛤形(スカンジグラインド)に研ぐことで、欠けにくくしている。ホオノキで自作したケースに入れ、綿紐を付け、腰に結んで使用している。深い山の中では剣鉈を使うことも多いそう。枝の切り口に唇を当てると湿り気を感じやすく、乾燥具合が分かるそうだ。

並んだ立ち木の間にナイロンロープを張る。2つのカラビナを使った自在結びだ。その上からタープをかぶせ、テントの庇になるよう、山なりにしてタープを張る。紐類とカラビナは、半分メッシュになった巾着袋にまとめている。中が見えて使いやすい。ヒルバーグのタープは3.5×2.9mの長方形で、下に1人用のテントを張るのにちょうどいい大きさだ。10年ほど前に入手したものを大切に使ってきたそうだ。テントはヘリテイジのクロスオーバードーム。

長めの枝をポールにし、タープのコードをぐるりと回して留める。ペグは返しになる分かれ目を残し、枝を削って作り、先に作っていたバトニングハンマーで打ち込む。タープの隅から出たコードをペグに引っ掛けて張り、固定する。

焚き火の準備に取りかかる。集めた石の形を活かして円形状に並べ、ファイヤーピットを作る。ブッシュで火口になる材料と乾いた枝を集める。三叉に分かれた枝があったので、先を尖らせて地面に刺し、ギアハンガーにした。枯れ草と雑草の乾いた綿毛が採れたので、これを着火剤にした。ストライカーを使って火花を飛ばして着火する。細い枝からくべて火をおこしてゆく。

倒れた竹を切り出し、お箸とお皿とヤカンを作る。ノコギリで適当な長さに切ってナタで割ればお皿に。さらに縦に細く割ってお箸を作る。周りを削って整える。ナタを固定して竹箸のほうを手前に引くようにして行なうといい。上部に節を残して作るとアクセントになり、上下も分かりやすいそうだ。両端の節を残して切り出した竹の端を、ナタで切り落として穴をあけヤカンにする。川で水を汲んで焚き火の端に置き、お湯を沸かす。少し焦げるくらいなら大丈夫だ。火との距離と加減で燃えないように。

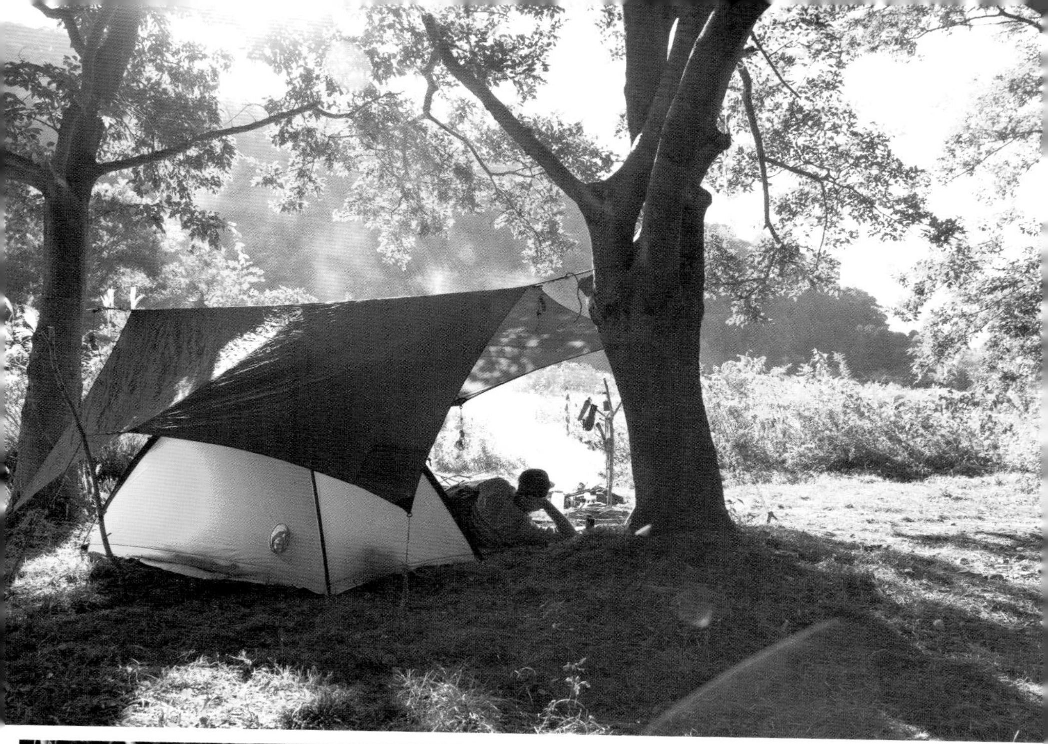

お湯でタオルを濡らしておしぼりに。必ずしも沸かさなくていい。竹が燃え、穴があいては元も子もないからだ。ひと汗かいた後の、このおしぼりタイムが最高に気持ちがいい。そして竹の素晴らしさ。少しあれば簡単にいろいろなものが作れてしまう。それからお湯の持つ力。飲み物にすれば体を内から温めてくれるし、ナイフに付いた油汚れも、お湯で流して拭き取るだけでほぼきれいに取れてしまう。カトラリーも、お湯ですすいで草で擦って流せばかなりきれいになる。焚き火ができたらまずはお湯を沸かす。

昼食の準備。太めの枝を割ってまな板に。ロッジのスキレットでチョリソーを縦に切って炒める。大きめのトマトは1cmくらいにスライスする。バターをたっぷり溶かした中に、15cmほどで半分に切ったバゲットを入れ、焦げ目がつくまで焼く。反対側は炭火で炙って熱する。それらを重ねた上に、仕込んできた南米由来のアリッサ（玉ねぎ、ニンニク、バジル、イタリアンパセリのみじん切りと、ワインビネガーとレモン汁の混ぜ合わせ）をのせてサンドにし、かぶりつく。思考が止まる至福の瞬間だ。ナイフはMOKI KNIFE。

日が暮れて涼しくなってきたので、自作のブランケットをかけ、のんびりと焚き火タイム。UCOのキャンドルランタンを手作りしたハンガーに掛ける。地面に置くと見失ってしまうこともあるため、刃物類も掛けるようにして危険を回避している。いつもLEDのヘッドランプも持参する。長谷部さんは、焚き火を終わらせる、とろ火の時間が特に好きなんだそうだ。

HOW TO MAKE A BATONING HAMMER
木製バトニングハンマーの作り方

手首大ほどの太さの丈夫な枝を、45cmくらいの長さで切る。端から15cmほどの位置にノコギリでグルリと10mmほどの切り目を入れる。

ナタの刃を端から入れ、木の皮をはぐように表面のほうを削り取って持ち手を作る。振り下ろさずに、刃を当ててトントンと下に叩きつけてみよう。

地面に据えつけて股で挟み、上から刃を当て、下ろして削り、握りやすくなるよう、持ち手の形を整える。

軽く振り下ろして、感触を確かめよう。コンコンと楽器のようないい音が鳴るはずだ。自分に合うものを作ろう。

ノコギリとナタで簡単に作れる。ナイフでもできるが、長谷部さんはパワーのあるナタを愛用している。最後は燃やしても、持ち帰ってまた次の機会に使ってもいい。

BUSHCRAFTERS 06

長谷部雅一

MASAKAZU HASEBE

どうしたって自然には勝てない。だから素直になってチューニングする。

秋も深まったよく晴れた日、とある川辺のキャンプ場で、長谷部さんのブッシュクラフトキャンプのスタイルを見せてもらった。ザックを背負い、川に並んだ石を渡って中洲へ向かう。「景色も開けてるし、今日はこの場所にしましょう」。そう言いながら木立の中の広場にザックを置き、道具を出してタープを張っていった。

埼玉県で生まれ育った長谷部さんは、小さな頃から冒険癖と探検癖があり、小学3年の頃には、冒険と称し友人と共に自転車で茨城県の知らない漁港まで行った。「ようやくたどり着いて、缶詰を食べようとしていたら、地元の漁師さんたちに声をかけてもらって。お前ら腹減ってんならこっち来て飯食っていけって、漁師メシを食べさせてもらって。あのときは助かりました(笑)」。このときは、この漁港でキャンプをしたそうだ。中学2年のときには仲間と自転車で佐渡ヶ島まで行き、一周して帰ってきたという。

そして、中学と高校時代は、子供時代のボーイスカウトの先生だった人に志願して弟子入りした。「ボーイスカウトの師匠は、熱心すぎて逆に怒られるタイプの人で、周りは引いてたんだけど僕は好きで。お願いして弟子にしてもらいました。ロープワークや沢登りを学びました」

大学に入ってからも、日本の山々への登山と旅を続けた。途中でアメリカへ留学し、終了と同時に2ヶ月かけてアメリカを一周した。日本に戻り、大学に行きながらアルバイトをしてお金を貯め、卒業と同時に1年かけて世界一周の旅に出たそうだ。「アコンカグアとかパタゴニアとか、アメリカの国立公園とか、いろんな場所に行きました」。世界中の国々の大自然や僻地を訪れ、登山やトレッキングはもちろん、そこに暮らす人や働く人たちとも交流したそうだ。これまでに訪れた国の数は、なんと50ヶ国以上にも上るという。

その後、東京にある環境教育や自然体験のイベントを運営する会社で働き始めた。その時期に、今度はイベントで出会った、クマブチ猟師（熊猟師の群馬呼び）に頼み込み、弟子入りしたそうだ。「クマブチ猟師の師匠には、群馬と新潟の県堺、奥利根湖周辺の、手つかずの山で猟についていってました。かなり厳しかったです。危険が伴うので上下関係も絶対だし、ちょっと理不尽なことでも、言われたことには、はい！って言ってやってましたよ」。貪欲な好奇心と探究心。根っからの明るさと前向きさで、どんどん吸収していったのだろう。

「マサイ族と過ごしたときの焚き火も面白かったです。乾燥地帯なので細くて乾いた木しか無いんです。乾いた小枝をずっと燃やし続けたりだとか。アメリカの国立公園で過ごしたときもハチャメチャで面白かったな。本には書けないんですけど（笑）。そんなエピソードはたくさんありますよ」。エピソードだけで一冊の本になってしまいそうである。

「だから、僕のやり方とかスタイルは、いろんな人の知識と技術、それと僕の経験のミックスですね（笑）」。大変なこともあったはずだが、長谷部さんは事もなげに楽しそうに話す。それはどれも、彼の冒険と探検の一幕だったからだろう。

川辺に降り、クラフトの材料になりそうな枝木を探す。愛用している日本製のナタの刃は、刃先を少しだけ研ぎ、蛤形にしているそうだ。そうすることで、刃に粘りが出て欠けにくくなるのだそう。使えそうな枝を数本切り出し、小枝を払ってサイトに持ち帰った。

「昔から冒険や探検も大好きだったけど、工作も大好きでした。いろいろなものを作って遊んでいましたね。ナイフももちろん使うんだけど、やっぱり刃の太さによって限界がある。無理してナイフでやっても、それこそ刃が立たないってことになるし、時間がかかってしんどいじゃないですか。僕は日本のナタをよく使いますね。藪の開拓にはナタがベストです。猟師の師匠に山で散々鍛えられましたから(笑)。とても便利な道具だと思います」

太い枝を地面に寝かせて枝を立て、ナタを使ってササッと枝のペグを作る。ものの5分ほどで返しの付いた6本のペグが出来上がった。「いろんな刃物があるけど、それぞれに存在理由がある。向き不向きと適性がありますよね。それをちゃんと理解した上で使うことが大切だと思います」

程よく並んで生えた立ち木の間に、ナイロンロープを張る。カラビナを2つ使った自在結びを使う。その上にヒルバーグのグリーンのタープをかぶせ、採ってきた長めの枝をポールにし、くの字になるようにして張る。その下にはイエローの山岳用のシェルターを張った。長谷部さんの使う道具は、色や用途も含めてとても自由だ。ともすると土臭くモノトーンになりがちなブッシュクラフトのスタイルのなかでも、どこか都会的でポップだ。自分の持っている道具を、その日の気分や場所によって自由に組み合わせているようだ。どこか遊び心を感じさせる。

焚き火の準備に取りかかる。大切なタープに穴があかないように、少し間隔を空けてファイヤーピットを作る。石の形を上手く利用して、円形のピットに仕上げた。石をサークル状にして並べるだけで、なぜか原始的だと感じる。石で囲うことで燃え広がるのを防いでくれる。焚き火をおこして火が落ち着いたら、今度は竹を使った道具を作ってくれた。ノコギリとナタを使って、お皿とお箸と竹のヤカンが出来上がった。

「木の枝ひとつにしても、同じものなんてないんですよね。自然は思いどおりにならないので、工夫してクリアしていくしかないんですよ」。そう言ってタープの下にシートを敷き、「ちょっと昼寝でもしますか」と言い、焚き火を前にしてゴロリと横になった。しばしのお昼寝タイムだ。カラフルなアイテムが乾いた秋の日差しに映える。

自分の欲しいものを、そこにあるもので頭を使って作り出して次に進む。どこかゲーム感覚に近いものがあると感じる。普段から子供たちに、自然の中での遊びやそこで過ごすためのプログラムを教えている、長谷部さんらしいところかもしれない。キャンプもブッシュクラフトも、どこかロールプレイングゲームのようなところがあるし、それも面白さのひとつだと思う。その場でゲットした素材をクラフトし、アイテムに置き換えることができるブッシュクラフトは特にそうだ。

焚き火で作ったサンドイッチをご馳走になり、お茶をいただく。いつの間にやら日が暮れてきた。そこで長谷部さんに、なんでブッシュクラフトで野営をするんだと思いますか？と聞いてみた。

「自分を自然に馴染ませたり、チューニングするためだと思います。自然は〝勝てない相手〟なので、素直になれるじゃないですか。普段街で暮らしていると、どうしてもいろんなものごとに対してイラっとしてしまうことってありますよね。それが積もると体も心も酸化してしまうというか。でもこうして自然の中で焚き火をすれば、いろんな緊張がほぐれて、チューニングされるというか、調律が整う感じがする」。非情で険しいときも、優しく清々しいときもある。どちらも自然の持つ力であり表情だ。さまざまな経験から、そのことを潔く受け入れ、理解しているのだと感じた。

「そもそもブッシュクラフトって、こうじゃなきゃ駄目だっていうものではないと思うんです。決まり事はないんですよね。〝思いどおりにはならない自然〟が相手だし、正解はないと思って、自分なりに上手くできたなって思えて、怪我もなく心地よく過ごせたらそれでいいんだと思いますよ。それこそ自然との出会いも一期一会で、同じことって無いですから」

地面に座って直火をしたり、木の枝を採って使ったり。ブッシュクラフトは、とても大地に近いアクティビティだと思う。いわば地に足の着いた遊び方でもある。「僕自身が自然の中で仕事をしているので、その中で過ごすのに、忘れちゃいけない感覚があると思っているんです。でも、適度に触れていないと忘れていって鈍ってしまう。それを忘れないように保っておきたいっていう気持ちもあります」

これまで、世界中を飛びまわって旅をして、自然の中へ繰り出し、冒険をしてきた長谷部さん。実は最近、さらに新たな幕が開けていたようだ。これまでの経験と知識を活かし、自身が代表の株式会社ビーコンを立ち上げた。そう、新しいチャレンジとアドベンチャーが始まったのだ。今後もさまざまなメディアでの発信と、アウトドアに関することや環境教育などにチャレンジしていくそうだ。そんな彼の、今後の活動と活躍がますます楽しみだ。

著書：『ブッシュクラフト読本』／メイツ出版

https://be-con.co.jp/company/

BUSHCRAFTERS 07

ブリティッシュブッシュクラフト

BRITISH BUSHCRAFT

ブリティッシュブッシュクラフトは、メインインストラクターのリー・イジット（Lee Issitt）さんと、サブインストラクターのスティーブン・ライリー（Steven Reilly）さんからなるユニットである。主に関西地方を拠点にして、さまざまな講習会を催している。英国レスター市の出身のリーさんは、子供の頃から野山を駆けまわり、動物の罠を仕掛け、秘密基地を作って遊んでいたという。2009年に初来日し、日本の自然に魅了された。一旦英国に戻り、北欧のブッシュクラフトの流れを汲む、フロンティア ブッシュクラフト スクールで学んだ。再び日本に戻り今度はジャパン ブッシュクラフト スクールで学び、外国人初の認定インストラクターとなった。ブッシュクラフトに対する熱い思いを聞き、実際のテクニックを見せてもらった。

BUSHCRAFTERS

07

ブリティッシュブッシュクラフト

BRITISH BUSHCRAFT

長野県某所の森の中にあるプライベートキャンプ場。ここは茅野市にある木葉社が運営している。ロープクライミングの技術を用いて、高所や崖など車両が入れない場所での特殊伐採などを行なう会社だ。その技術を使って、樹上にロープを巡らせ、パラシュートを設置している。その斬新さと異様さは驚くべき光景だった。と同時に森の中に溶け込んでいた。半透明な素材なので適度な日陰になり、小雨くらいなら防いでくれる。ブリティッシュブッシュクラフト（以後BBC）もときどき講習などで使う場所だ。

ザックはパラコードと枝で木に掛けておく。こうすることで汚れないし散らからない。左上が主役のリーさん。ナイフとノコギリとアックスのみ。アイテムはいたってシンプル。折りたたみ式のノコギリに大きさの違う刃を2枚付けて使い分けている。右下がスティーブンさん。普段は都内のインターナショナルスクールで講師をしている。彼は道具を革ベルトにまとめている。ポシェットの中のジップロックには救急用具を。シースにゴムバンドを巻きつけてエクスパンドさせ、さらに他の道具もつけ足している。

薪と枝、それにツルを採りに行く。ツルは枝などで軽く叩き、ほぐして紐として使用する。集めた枝は赤ちゃんを抱くようにして持つといいよ、とリーさん。採った薪は太さごとに折って並べ、整えておく。いつも着火用の細い枯れ草を用意してストックしている。このときも宙に浮かせて寸前まで乾かしていた。手で軽く砕いて鳥の巣状に丸め、砕いた白樺の皮を入れて準備する。木の枝で穴掘り用の鍬を作り、楕円形の大きめの穴を掘る。すぐに火が大きくなるように、下に枝を並べて敷き詰めておく。

セイタカアワダチソウを使った、きりもみ式の着火方法を教えてくれた。まるで吹き矢のような作りの美しい道具だ。火をつけて一気に燃やし熾（おき）を作る。トライポッドで大きめのヤカンをぶら下げてお湯を沸かす。火をおこしたら、いつも先にお湯を沸かすそうだ。お湯があれば、お茶を淹れたり何かを洗ったりできる。下からの熱気と上昇気流でパラシュートが膨らむ。その様は、まるで森の中に膨らんだ大きなキノコのようだった。

ツルで結わいてトライポッドを作る。コンストリクターノットで結ぶ。解けにくい結びだ。ダッチオーブンを吊り下げるためのフックも、ツルを使って吊り下げる。どれもその場で採取したものを利用している。以前、森で採れたものを使って作ったという籠や小物入れを見せてくれた。木の皮やツルを使って丁寧に作られている。日本だと民芸品といわれるものだが、こういったものも、すべてブッシュクラフトのうちのひとつだとリーさんは言う。

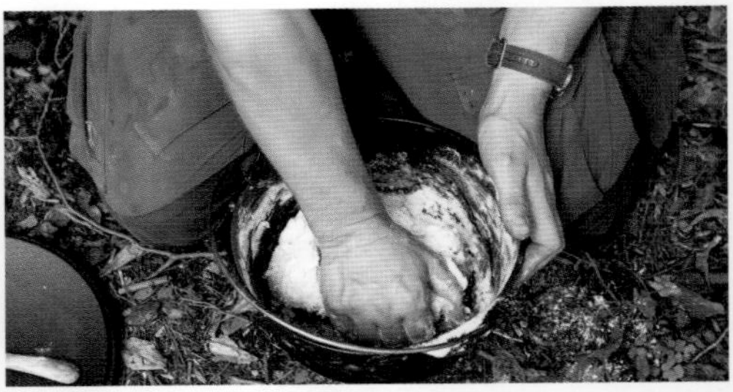

BBCの二人は、今後は野外料理の講習にも力を入れていきたいそうだ。二人は食べることも大好きな様子。この日は先にドライイーストを使ったニンニク入りのパンをダッチオーブンで焼き、イギリスの家庭料理である、ソーセージと野菜がたっぷり入ったレンズ豆のスープと、さらに道の駅で買ったというトウモロコシを軽く湯がいてからホイル焼きにした。湯がくときにレモンを絞って入れるのが英国流。どれもこれも素晴らしく美味だった。カトラリーは以前木を彫って自作したものだ。

ファイヤーピットは二口になっている。奥が熾火（炭火）で手前が焚き火になっていて、トライポッドを組み合わせることで同時にいくつもの加熱作業が可能だ。炭火と焚き火を駆使しながらダッチオーブンでパンを焼いたら、傍らで予熱を取って休ませつつ、同じ鍋ですぐにスープまで作ってしまった。ここには写っていないが、この後アップルパイも作って平らげている。焚き火ではホイル焼きとお湯も同時に沸かしていた。ダッチオーブンを吊るすための木で作ったフックも、ツルで結わいつけている。

今回の寝床はハンモックとタープを組み合わせた。タープは英国軍のもの。ハンモックはDD Hammockを使用。ハンモックの横に渡すポールは木の枝で流用している。季節や場所によってはタープだけのときもあるしテントを使うこともある。リッジラインはパラコードをシベリアンヒッチで結ぶ。木の枝を使ったトグルを使ってタープを張る。タープは片方を木の枝で浮かして張り、もう片方は強度を出すため倒木の下にコードを通し、奥の木に巻いて固定している。

HAND DRILL IGNITION METHOD

きりもみ式着火の方法

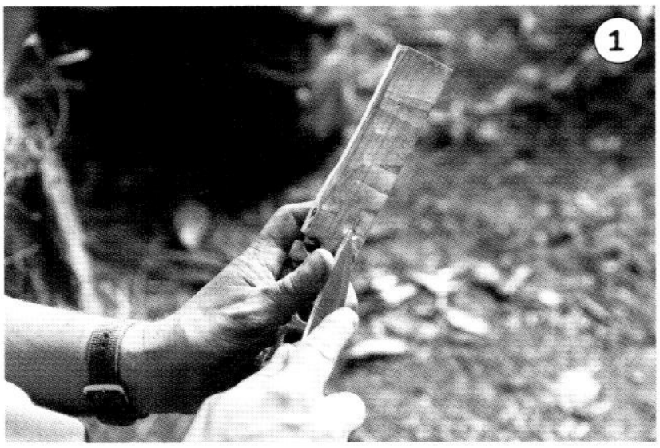

乾燥させた木の板を用意し、ナイフの刃先で軽くガイドになる窪みを作っておく。松や杉など軟らかい木がよい。

セイタカアワダチソウの先端を窪みに当て、上から下に向かってきりもむようにして回転させ、同じ大きさの穴があくまで繰り返す。

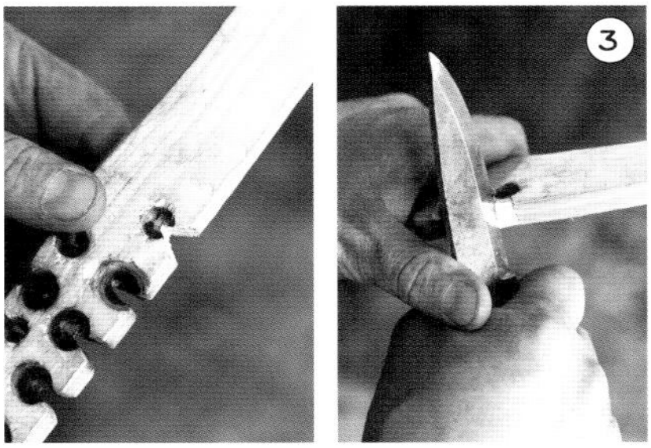

押し当ててきりもみし、少し焦げ目がついたら三角に切り欠きを入れておく。ここから空気が入り、削れて焦げた屑がたまって落ち、火口になる。

木の枝を足で押さえて板を固定する。下には受けになる木の皮を敷く。上から下に向かってきりもむようにして回転させる。着火するまで諦めずに回し続けよう。

火種ができたら、木の皮を皿のようにして運び、鳥の巣状の枯れ草の真ん中にそっと落として入れる。

ゆっくり長く息を吹き込んで、火口を作る。口は近づけすぎないように少し離して行なおう。あとはファイヤーピットの真ん中に入れ、焚き火を作ろう。

BUSHCRAFTERS

07

ブリティッシュブッシュクラフト

BRITISH BUSHCRAFT

Respect the Nature.
Start small. Anything is OK.

夏のある日、長野県の某所。待ち合わせ場所で待っていると、メガネをかけた真面目そうな白人の男性が現われた。ブリティッシュブッシュクラフト（ＢＢＣ）のリーさんだ。取材場所であるプライベートキャンプ場へ案内してもらった。その場所に入って真っ先に目に飛び込んできたのは、森の中に吊り下げられた大きなパラシュートだった。グリーンのパラシュートが森の中に溶け込み、巨大なキノコのようだった。

「このパラシュートは英国軍のもので、集まって自然教室なんかを開くときによく使うんです」。どうやら木々の高いところにロープを渡し、そこから吊り下げているようだ。この場所を運営している、樹木管理と特殊伐採の専門会社、木葉社さんの技術が活かされている。

ＢＢＣの二人、メインインストラクターのリーさんは神戸に、サブインストラクターのスティーブンさんは東京に住んでいる。お互いに協力し、いろいろな場所でさまざまな教室や講習会を催しているそうだ。

「ブッシュクラフトはWay of life（生き方）みたいなものです。Knowledge（知識）とTechnique（技術）が大切なんだ。あとはもちろんExperience（経験）だね。その人次第でカジュアルにもできるし、深く学ぼうと思えば、それもできるよ」。いきなり人生とはみたいなディープな話か!?と思ったが、そうではなかった。

「友達で、元はハンターだったけどそこからブッシュクラフトが好きになった人がいます。登山が好きで、そこから好きになった人もいます」。入り口はさまざまでも、ブッシュクラフトの間口の広さと寛容さが、さまざまな興味や好奇心を受け入れてくれるということのようだ。その人の興味やレベル次第で、やり方もやれることもたくさんあるよ、ということらしい。「こうしなくちゃいけないっていう決まりは無いです。少しずつ始めて、だんだんと広げていけばいいんです。Experience is the teacher. 経験が先生になります。でも、ブッシュクラフトではCheat（ズル）はできません。自然も先生だからです」

森の中へ薪とツルと、クラフト用の枝を採りに行く。普通はパラコードで結わいたほうが簡単だが、ツルを取って両手でしごいて枝で叩き、柔らかくして紐にして使うようだ。できるかぎりその場にある自然の素材を活かしてクラフトしたい、そんな彼らの心意気を感じた。

「ブッシュクラフトは知れば知るほど道具を減らすことができます。カナダ人のMors Kochanskiというブッシュクラフトの先生の言葉で、The more you know, the less you need to carry.（知れば知るほど運ぶ必要がなくなる）という言葉があります」。深く学べば学ぶほど、必要な道具は減らせる、ということのようだ。

「日本のオートキャンパーたちは、家の中みたいにたくさんの道具を持っていくでしょ。それもありなんだけど、ちょっと多すぎない？と思うよ。ブッシュクラフトはそれとは違う。知識と技術があれば道具は少なくていい」。確かにリーさんの道具はノコギリとナイフ1本とアックスのみだ。「これだけあれば、木を切って屋根も寝床も作ることができるよ。でも環境のことを考えて今はしない。そういうのはサバイバルかもしれないね」

「子供の頃は、いつも友人と一緒に森に行って、瓦礫の小屋や動物を捕るための小さな罠を作ったりして遊んでいたんだ。そのときは気づかなかったけど、今思うと、それはブッシュクラフトのスキルだったね。ずっとインドアよりアウトドアが好きだよ」。はじめの印象とは違って、リーさんは、根っからのアウトドアズマンであり、ブッシュクラフターであった。

２０２２年の夏に、一足先にコロナ後の社会を取り戻しつつあるイギリスで、2022 Global Bushcraft Symposium（世界ブッシュクラフト討論会）が開かれた。リーさんも久しぶりに母国を訪れ、大好きなブッシュクラフトの世界にどっぷりと浸かってきたそうだ。世界中からブッシュクラフトの愛好家やインストラクターたちが集まり、会場は熱気に包まれた。今、世界中でブッシュクラフト熱が加熱しているようだ。

「人間はSocial animal（社会的な動物）でしょ？　一人でここに泊まったら怖いと思うかもしれないけど、何人かで来たら全然違うと思う。これからは一人じゃなくてみんなでやったほうがいいよ。After Covid（コロナ後の社会）では、自然の中で遊ぶ、ブッシュクラフトみたいなことが重要になってくると思うんだ。これからはWell-beingとかMindfulness（幸福）が大切になってくると思う。だからみんな森の中でRelaxしてバッテリーをRechargeしてほしいんです」

「ブッシュクラフトは大きな傘みたいなものです。その下に、Elements（いろいろな要素）がぶら下がっています。ハンティングとかレザークラフトとか、ほかにもたくさんあるよ。Context（文脈、環境）がとても大切です。これはBase（基地）みたいなものかな。誰でも楽しめます。だからまずは小さく始めて、大きく広げてみてほしい」。大きなパラシュートの傘の下でリーさんはそう言って笑った。自分の興味のあること、好きな事から始めてみて、広げていってほしい。リーさんたちの日本での冒険と挑戦は、これからも続いてゆく。

https://britishbushcraft.jp/

英国での'22グローバルブッシュクラフトシンポジウムの様子

BUSHCRAFTERS

08

酒井隼人

HAYATO SAKAI

長野県・南信育ちの酒井さんは、子供の頃から両親に連れられて、キャンプや車中泊などをして自然と親しんできた。大人になってからも、普段は会社員として働きながら、釣りやキャンプをして楽しんでいたのだが、3年ほど前から一人でキャンプをするようになった。それからブッシュクラフトにのめり込み、現在のスタイルに行き着いた。今では、時間を見つけてはSNSで繋がった仲間たちと山へと繰り出し、森の中での野営に熱中している。SNSやインターネットで、国内外のさまざまな道具やその作り手たちと出会って繋がり、直接購入して使うことも多いそうだ。自然に浸り、没頭して森の中で過ごす時間は、なくてはならない時間になった。そんなブッシュクラフトについて、夏の森の中で伺った。

BUSHCRAFTERS

08

酒井隼人

HAYATO SAKAI

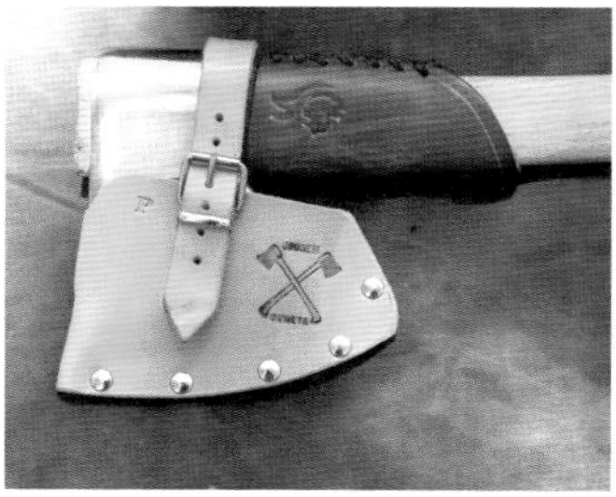

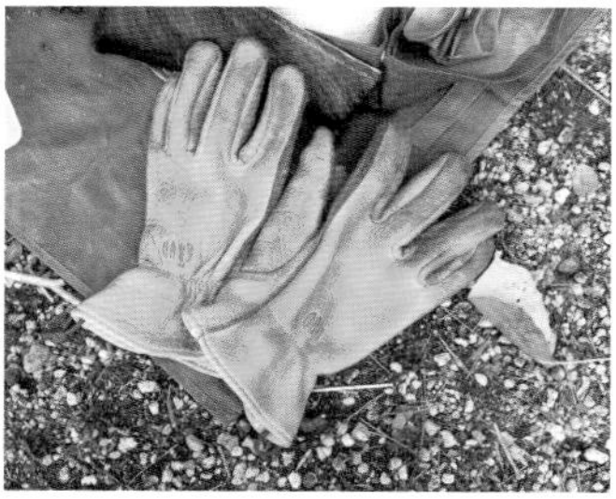

今回の道具一式。ザックはHidden Woodsman 50ℓ。道具が大好きなだけあって少し多めだが気にしない。食料はザック横のクーラーバッグに入れて持っていく。フィールドに着いたらまず先にザックを木に結んで吊るす。ナイフはJD Custam Knivesのもの。グローブはスウェーデンのクルード。アックスはJauregi（ヘウラギ）というスペインのガレージブランドのもの。ピカピカのステンレス製で、まるで航空機の翼のようだ。すべてお気に入りの道具ばかりだ。

ククサはベラルーシのTayaYanotaさんという作家から直接購入した。自分の名前にちなんだ数字とハヤブサの絵を彫って入れてもらったそうだ。ランタンはFEUERHAND Nr. 275 NIER。80年以上前の貴重なランタンだ。小さめのオイルボトルにパラフィンオイルを詰めて持っていく。PNW Bushcraftの帆布のシートは、四隅のボタンを留めることで小物入れにもなり、使い勝手がよい。身の回りのもの、ブラスター、タバコ道具などを入れている。

タープとハンモック、スネークスキン等はすべてダッチウェア（Dutch were)のもの。カメレオンハンモックを愛用している。上下が非対称な形状で、模様も素材も自由に組み合わせて選べる。アヴァンギャルドな柄と配色だ。タープはAsym Tarpを組み合わせて使っている。端に荷物用の小さなハンモックを取り付けている。こちらは枝を組み合わせることでチェアにもなる。すべてGears Devicesで購入したものだ。一度ハンモックで眠ることを覚えてしまうと、元には戻れないそうだ。

Y字の枝を拾ったので、ハンガーとして使用することに。元先をアックスで削って尖らせる。二股に分かれた箇所が裂けていたので、ガイラインで巻いて簡単に補修をしておく。地面に穴を掘って尖らせた枝を刺し、細い枝で作ったペグを両脇に打ち込んで固定する。タープの下から出ている揺れ防止のためのコードも、同じように枝のペグを打ち込んで留める。酒井さんはアックスの横で叩いて留めていた。

森の中から引き出した倒木を、ノコギリで切ってアックスで割って薪を作る。厚い革でできたトレッカーズシートは、アックスで有名なHultaforsのもの。ナイフ等で手元作業をするときに便利だ。膝の上において使うこともできるし、お尻の下に敷いて座るときにも使える。BARGOのチタンスコップは穴を掘る（ディグる）のに使う。その名もディグディグツール。帆布製の巾着に白樺の皮など、火口になる材料を入れている。バックソーはThe Bear Essenntials Outdoorsのもの。

着火のための火花を飛ばすストライカーキットはColorado Bushcraftのもの。白樺の皮の表面をナイフの刃先で細かく削り出し、その上にストライカーのマグネシウムを削って粉を落とし、一気に火花を散らして着火させる。ランタンは小枝に焚き火の火を移したもので点灯させる。ゆっくりと日が暮れて、お酒と焚き火の時間に。シンプルに丸ごと野菜を遠めの火で焼き、地元メーカーの出汁醤油を垂らして食すのがお気に入りだ。意外にも肉はあまり食べないそうだ。

コーヒーも大好きで、ブッシュクラフトで遊ぶときには特にこだわって淹れる。京都の専門店、FIST BUMP COFFEE ROASTERYから取り寄せた豆を、デジタルのはかりで量り、TIME MOREのステンレス製のミルで挽く。ドリッパーはユニフレームのワイヤー製のもの。お湯の温度はだいたい80～85度に温め、Belmontのチタンカップの先にチタン製の湯落としを装着し、ゆっくりとお湯を落として淹れていく。森に泊まった翌朝に、焚き火の横で飲む珈琲の味は格別だ。

チタン製は軽いのがいいのと、その響きが好きなんだそうだ。煙草も巻き煙草を愛用している。こちらも森の中がいちばんうまい。焚き火の横の土に突き刺して使うファイヤーアンカーは、TJM Twistのもの。イギリスの職人手作りだ。ケトルはGSI outdoorsのステンレス製のもの。ソフトクーラーバッグはAOクーラー。中には食材を入れている。お酒も大好きなのでウィスキーも一本持参した。スコッチとアイリッシュがお気に入りだ。

HOW TO MAKE A WOODEN SIMPLE TABLE

木製簡易テーブルの作り方

倒木を探す。細めの丸太でも可。ある程度の太さがあったほうがいい。40cmくらいに切り出す。※キャンプ場などの私有地では必ず許可を取って行なおう。

切ったものを縦に割る。横から叩いて刃先を入れて、左右にずらして割ってみる。それでも割れないようであれば縦に入れてもいい。アックスで凸凹を軽くならす。

小枝の先を尖らせて、留め用のペグを作る。

割った木を並べ、四方に木のペグを打ち込んで留める。

ペグの飛び出した箇所を切って整えたら完成。A4サイズより少し大きいくらいで、使いやすい広さだ。

ファイヤーピットの近くに作れば、焚き火の際の道具置きとしても、料理のカトラリー置き場としてもちょうどいい。

BUSHCRAFTERS

08

酒井隼人

HAYATO SAKAI

遠い国の何処かで作られた、自分仕様のギア。
そんな道具を使って楽しむ、大人の遊び。

長野県南部で生まれ育った酒井さん。ずっと自然豊かな場所で暮らしてきたはずだが、大人になり、さらにディープに自然にまみれて遊ぶブッシュクラフトにどっぷりとハマっているそうだ。如何にしてそうなったのか、キャンプに同行させてもらって聞いてみた。

「ブッシュクラフトがどういうものなのか、僕には偉そうに言うことはできないんですけど。でも、好きなように自分のサイトを作れるのが楽しいです。毎回違ったものになるのもいいし、自分で工夫して、必要なものを作り出せるのが楽しいです。その場にある木を使っていろいろと作れるので、椅子もテーブルも持っていかなくなりましたね。前と比べると、持っていく道具はかなり減りました」。その場にあるものと、アックスやナイフなどの、昔から人が使ってきた道具で必要なものをクリエイトできるのも、ブッシュクラフトの最高の楽しみのひとつだ。「ランタンや道具を掛けるためのハンガーは、その場にある枝でほぼ毎回作るんですけど、いつも違った形になるのも楽しくて飽きないんです」

「3年くらい前から、こんな感じのソロのスタイルでキャンプを始めたんです。特にブッシュクラフトっていうのは意識はしていなかったんですけど。やりたいようにやっていたら、自然とこんなスタイルになったっていう感じです」。酒井さんはそう言いながら、ひとつずつ大切そうにギアを取り出し、経緯を説明してくれた。

酒井さんの持っているアイテムは、世間ではあまり知られていないものも多い。それもそのはずで、インターネットやＳＮＳなどで見つけ出し、良いと思ったら直接コンタクトを取って購入することも多いそうだ。「東欧にいい作り手さんがけっこういるんですよ。このククサも、ベラルーシの作家さんにインスタ経由で連絡して作ってもらいました。個人オーダーなので、細かい注文にもいろいろ応えてくれます。自分の名前にちなんだ数字と、ハヤブサの絵を彫ってもらいました。ナイフはアメリカの作家さんのもので、実際に作っているところをライブ配信して見せてくれました。嬉しかったですね」。なんと、自分がオーダーしたものを作っているところを、ライブで見れてしまう、そんなすごい世の中なんですね!? 「けっこう待ちましたけど気になりませんでした。すごく待ち遠しかったですけど（笑）。どれも一生モノですね」。数ヶ月待つこともザラなんだとか。それにしても、待つことが苦にならないのがすごい。落ち着いた優しい人柄がうかがえる。届いたときはさぞかし嬉しかったことだろう。当然ギアに対する愛着も湧くだろうし、大切に使いたくなることは間違いない。「機能だけで言えば、もっと手軽に買える良いものはたくさんあるでしょうけど、こうして作り手と繋がって入手すると、作っている人もなんとなく知っているし、使う楽しみができますね。ネットやお店で普通に売られているものとは違って、もっと濃密な感じがします」。その道具を使うこと自体が楽しみになる。そんな、大量消費とはちょっと違う道具との付き合い方があるようだ。

木にはタオルを巻き、なるべく傷がつかないようにしてハンモックとタープを設置してゆく。「小さな頃から両親に連れられて、よくキャンプにも行ってましたよ。大人になってからも、釣りとかもしてたんですが、釣果とか気になっちゃうじゃないですか、周りとか友人と比べたりして。そういうのがたまに疲れたり、気になったりしたのもあって、一人でキャンプをするようになったのかもしれないですね」。他人との比較ではなく、自分が満足できているか、充足しているかが大切だと感じるようになったのだろう。

「昔はテントも使っていたんですけど、最近はハンモックばかりです。夜にこのハンモックで寝るのも楽しみのひとつですね」。ハンモック泊に慣れてしまうと、元には戻れない、という話はよく聞く。ただし広場のように、ハンモックを吊るすための木々の無い場所では使えない。その点は注意が必要だ。時にはタープを低く張ってその下で寝袋で眠ることもあるそうだ。

「地元も山だらけなんですけど、他県とかの違う場所に行くと木の生え方とか植物とかもまったく違っていて、新鮮で新しい発見があるというか、それも面白いですね。なんか理由はよく分からないんですけど、普通のオートキャンプと違って、すごく中毒性があるんですよ。あんまり意識はしてないんですけど、ストレス発散にもなってるのかな？　山の中で、何も考えずにひたすら没頭できる時間っていうか。人は人、自分は自分なんで、人と競わなくてもいいし、比べる必要もないですし。でも、ギアやテクニックに関しては、ほかの人たちといろいろと情報交換するのは楽しいですけどね」

「大変な状況とか過酷な環境でも、持っている道具とアイデアで、工夫してなんとかする、っていうのも楽しいですね。創造する楽しさがあるというか、クリエイティブだな、と思います」。その場その時のひらめきや創意工夫が活かされる。そしてその作用が分かりやすくダイレクトに形になって見えるのも、ブッシュクラフトが楽しい理由だろう。本能と理性と知性とが、混ざり合ってひらめく瞬間がある。癒やしと刺激とを同時に満たしてくれる。酒井さんにとって、今やブッシュクラフトはなくてはならないものになっているようだ。

酒井さんのインスタグラムアカウント
https://www.instagram.com/hayaton_gt/?hl=ja

撮影協力:ライジングフィールド軽井沢
https://www.rising-field.com/

BUSHCRAFTERS

09

山本未央

MIO YAMAMOTO

この本に唯一の女性として登場していただいた山本未央さん。カラー入りのヘアスタイルが東京の街に違和感なく馴染んでいた。でも見かけによらず、彼女はブッシュクラフトの達人でもあった。北海道様似町出身の未央さんは、子供の頃から山の中で遊びまわっていたそうだ。ガールスカウトにも参加し、自然の中にあるものでさまざまなものを作ることも学んだ。東京に出てからは、音楽業界でアーティストのマネージャーとして働いてきた。レコーディングやプロモーション、それにフェスへの参加などで日本各地や世界中を飛びまわって働いた。そんな彼女が、最近はブッシュクラフトにハマり、時間を見つけては森の中に出かけているという。そんな彼女の今のスタイルと考えていることを、夏のキャンプ場で聞いてみた。

野営場所を決めたら、まずはその近くの木に枝とコードを使ってザックを吊るす。ザックと道具を汚れや水、虫から守り、ベースにもなり紛失を防いでくれる。ザックもウェアもスウェーデンのブランド、フェールラーベンのものを愛用している。極力自然に戻る素材で作られていて、ハードに使うことを想定し、丈夫で動きやすく温かい。

夕食の準備の光景。日も傾き、辺りに香味野菜とひき肉の焦げた匂いが立ち込める。トライポッドは直接は結ばずにY字の枝を組み合わせ、シンプルにポッドハンガーと併せてパラコードで巻いて固定する。朝からずっと体を動かしているのでもう腹ペコだ。

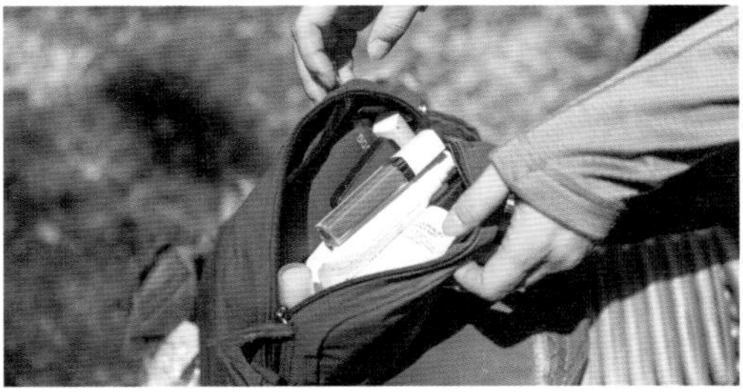

ザックはキツネの革パッチでお馴染みのフェールラーベン。女性らしくコットン製の小さなポーチにコスメ用具を入れている。食料はAOクーラーズのソフトクーラーバッグに。この格好で電車を乗り継いできた。持ち物をシートの上に広げてみると、派手な色のものはほとんど無く、自然に馴染む落ち着いた色のものばかりだ。種類ごとにポーチや収納袋にまとめておく。折りたたみのスコップには小さなツルハシも付いている。お気に入りのランタンとJack Daniel's。グレーの袋には組み立て式のバックソーが。夜は寒くなることも多いので寝具は多めに。首に巻くスカーフもあるといい。ここ最近はもっとミニマムになって、さらに道具も減ってきているそうだ。

ハンモックを張る場所を決める。両手を広げて、なんとなくの感覚で木の間の距離を測る。頭の高さくらいにタオルを巻いて設置する。少し高いかな？と思っても、あとからベルトのテンションで調整できる。座ったときに地面に着かなくて、心地よい高さになるように。木にタオルを巻いて傷めないようにする。タープはアクアクエスト、ハンモックはDutchwareのもの。付属テープで木とつなぎ固定する。タープ用のリッジラインは結びを組み合わせて張り、自在結びで張り具合を調整する。

コードを自在結びを使って枝のペグに掛け、タープを固定する。慣れてしまえば15分もあれば設置完了。簡単で楽ちんなところがハンモックのいいところなんだそう。天気が良ければ星を眺めつつ、揺られながらの寝落ちも可能だ。風などで揺れが気になるときには、ハンモックから地面にコードをペグダウンして固定することもある。寝袋は寒さ対策もありモンベルのダウンハガー #3を。寒いときにはハンモックの下にアンダーキルトを付ける。

ナイフはノルウェーのHELLEのものを愛用している。アックスはスウェーデンのGransfors bruksのワイルドライフ。組み立て式のバックソーは、カナダのガレージブランド、The Bear Essentials Outdoorsのもの。太めの枝はブーツの甲の部分に乗せ、少し地面から浮かせ、手でしっかり押さえて切る。ブーツはダナー、グローブはグリップスワニーのものを愛用している。

ファイヤーピットの上にシンプルなトライポッドを作り、焚き火の準備ができた。着火前のこの瞬間は、なぜか自然と笑顔になる。道具は一度使うと愛着が湧くので有名無名問わず使い続けてしまう。知人がやっているウェブショップ、GearsDevicesで購入することが多いそうだ。

キャンプ場に断ってシダを採らせてもらえたので、ピットの前に絨毯のように敷き詰めて美しく。採取した乾いた枝は、シートの上に太さごとに分けて並べる。白樺の皮をナイフの刃先でほぐし、ストライカーで火花を飛ばして着火させ、そのまま皮に引火させたものをピットに投入する。小枝状に割ったティンダーウッドも投入し、炎を立ち上げる。細い枝から投入し、徐々に火を大きくしていく。白樺の皮もティンダーウッドも、ゆっくり確実に燃えてくれる、着火のときの強い味方だ。

辺りが薄暗くなってきたので、オイルランタンに点火する。森の中にオレンジ色の火が灯る。HAYESのプラスチック製のオイルボトルにパラフィンオイルを入れて持ち運んでいる。ランタンはDIETZのボーイズスケーターズランタン。100年以上前のニューヨークで、川や湖でスケートをするときに使っていたものらしい。小さくコンパクトな作りが可愛らしい逸品。トライポッドに取り付けたフックは、使わないときは燃えないように横に掛けておく。

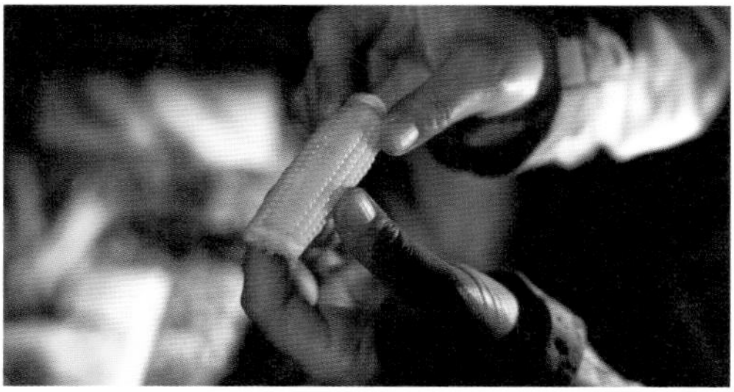

オイルや調味料は四角いポーチの中にまとめている。ファイヤーピットはキッチンでもある。太めの枝はピットの周りに六角形にしてグルリと並べる。枝を乾燥させ、風もさえぎってくれる。今回作ったのは南米由来の郷土料理、チリコンカン。ニンニク、玉ねぎ、セロリなどの香味野菜とひき肉を炒め、水切りした豆の水煮とトマト缶を入れて煮込めば出来上がり。あとは塩とスパイスをお好みで。

料理は基本的にシンプルなものが多い。時間も荷物も限られるし、できるだけ旬のものを現地の近くで調達し、シンプルな調理方法で食べるのが美味しいからだ。皮付きのベビーコーンはアルミホイルにそのまま巻いて焚き火の中で蒸し焼きに。塩を振るだけで絶品だ。

夜は気温が下がるので、アンダーキルトを装着する。アンダーキルトはCedar ridge outdoorsのもの。ハンモックの下にかぶせて装着し、下からの冷気を防ぐためのキルトだ。翌朝は熾火で炙ったバケットに昨晩の残りのチリコンカンをサンドにし、コーヒーと一緒にいただいた。これまた絶品でした。腰に付けたティンダーポーチには、着火用の素材を入れている。行った先で採取して補充することも多い。撤収時には焚き火はできるだけ灰にして森に撒き、埋め戻して跡形を消して帰る。

HOW TO MAKE A SIMPLE TRIPOD

簡易トライポッドの作り方

丈夫で長めの枝を3本用意する。並べて立て、枝分かれした場所を合わせ、およその切る箇所を決める。

Y字に枝分かれした箇所を残して先を切る。支点さえ合えば、先はあえて残してもいい。

下の太いほうを切っておよその長さを整える。

ファイヤーピットの上に置いて、開き具合と組み合わせを考え、必要であればさらに下を切って高さを調整する。

枝の重心とバランスを見ながら回して動かし、安定する組み合わせと接地点を探しだす。

安定したら、パラコードを結びつけた枝のフックを取り付ける。Y字が組み合ったところに巻いて固定する。

BUSHCRAFTERS

09

山本未央

MIO YAMAMOTO

五感をフルに活用し
われを忘れて没頭する山遊び。

指定された場所まで迎えに行くと、大きなザックを背負った勇ましい姿の女性がいた。ブッシュクラフトというと、ワイルドで男くさいイメージだが、今回はそうではないようだ。キャンプ場に着いて場所を決めると、シートを敷き、ザックの中のものを出して見せてくれた。それから慣れた手つきでハンモックを張ってゆく。

北海道出身の未央さんは、遊びといえば野遊びだった。「子供の頃は、いつも山とか海とか、川でも遊んでました。周りにはそれしか無かったので（笑）。ガールスカウトもやっていて、木でシェルターを作ったりスプーンを削って作ったり。カレーを作ってそのスプーンで食べたりしましたよ」。さまざまなことを自然の中で遊びながら学んだそうだ。

東京へ出て、大好きだった音楽関係の仕事に就いた。それからは毎日が慌ただしく過ぎてゆき、当たり前にあった自然と、そこで遊んだ記憶は薄れていった。レコーディングやツアーの手配など、音楽制作やアーティストとの仕事に没頭した。しばらくして仕事も落ち着いてきた頃、ふと、また自然の中で遊びたいと思ったのだという。

「今の仕事に就いてからずっと忙しくて、趣味とかをしている暇も無かったんです。でも仕事が落ち着いてきた5〜6年くらい前に、また自然の中で遊ぶようなことをやりたいなと思って。それで友達と一緒にキャンプに行くようになりました」。友人とオートキャンプをするようになったのだが、何度目かで物足りなさと不自由さを感じ始めたのだそうだ。

「スケジュールを合わせるのも大変だし、食べるものとか後片付けとか、いろいろ気を使わないといけなかったりして、何か違うなと思ったんですよね」。そして一人でもできるキャンプの方法を調べ始めた。〝ブッシュクラフト〟という言葉はなんとなく知っていたのでネットで調べてみたら、「あれ? これって子供の頃にやってたことじゃん!」と思ったという。そこから一気にのめり込んだそうだ。

「YouTubeでいいなと思った人の動画を見て、この場所いいなとか、これどこなんだろ?って思ったら、TwitterのDMとかで直接連絡取ったりして、直火のできる場所とか、丹沢の歩いてしか行けないキャンプ場を教えてもらって行ったりしてました」。すぐに行動に移しコンタクトを取ってしまう。物怖じしない行動力がすごい。それからは、SNS等でブッシュクラフトが好きな人同士で繋がり、一緒に行くようにもなった。

タープとハンモックで寝床の設置も終わり、焚き火と料理の準備に取りかかる。ファイヤーピットの周りに、採ってきたシダを絨毯のようにして敷き詰め、その上にマットを敷いて座る。こういうのは、あまり男性には無い感覚だなと思った。ザックに全部の道具を詰め込み、基本的に公共交通機関を使っての移動になるので、できるだけ荷物はミニマムにしたい。その点、ハンモックは軽くて嵩張らず、設営と撤収も楽なため、一度使うとやめられなくなったそうだ。今では冬でもタープとハンモック泊が当たり前になったという。

「何人かでキャンプに行ったときに、みんなが自分のことは自分でやれるスキルがあると、すごく楽なんだってことに気づいてしまったんです。放っておいてくれるし、こっちも気にならない。それぞれが没頭してずっと何かやってるし。食べたいときに食べたいものを作って食べることができるし。もともとが大人数でワイワイやるっていうのが好きじゃなかったっていうのもあって、私にはこのスタイルが合ってるなって」。突然知らない女性から連絡がきたおじさんたちは、さぞかし驚いたことだろう。快く受け入れてもらえてよかった。しかし、彼女の行動はここで終わらなかった。

しばらくすると、もっと確かな知識と技術を学びたいと思ったという。「森や自然って、入っていくだけなら誰にでも簡単にできるんですけど、実は遠くまで行くほど、元いた場所に戻るのにも知識とか技術が必要になる場面があったりだとか、食べられるものかどうかとか、刃物の使い方とか。自己流でもいいんですけど、もう一度ちゃんと学んでみたくなったんです」。再度ブッシュクラフトについて調べてみて、たどり着いたのが川口拓さんの本、『BushCraft Manual』とJapan Bushcraft Schoolだった。すぐに講義に申し込んで受講してみたそうだ。「子供の頃にやっていたことか学んだことを、もう一度ちゃんと確認したかったのかもしれないですね。川口さんの、五感をフルに使って自然を感じてみましょうっていう、単なるHow toだけではない、心構えとか自然の捉え方とか考え方に共感できた、っていうのも大きかったです」

新しく気づいたことや、新鮮な感覚もたくさんあったし、同時に、忘れていた感覚や記憶が思い出されてきたという。「子供の頃にしていた山遊びを、大人になってまたやってみて、追体験しているみたいな感じかな。東京に来て仕事をして、それなりに経験も積んでいろんな知識もついた上で、子供の頃いた場所に戻ってみた、みたいなことなのかも」。川口さんの講習を通して、幼少期の記憶が呼び覚まされ、さらに腑に落ちた感じがしたんだそうだ。

そんな彼女にブッシュクラフトとは?と聞いてみた。すると「自然に没頭できる山遊びだと思う。われを忘れてやってるし(笑)」との答えが返ってきた。時には一人でも出かけ、気を使うことのない人たちとゆるく集まり、焚き火を囲んでお酒を飲み、音楽談議をするのが何より楽しいそうだ。

五感をフルに活用して遊ぶブッシュクラフト。今は将来に向けて、この素晴らしい遊びを教える仕事にも興味が湧いているそうだ。「こうしてブッシュクラフトをやるようになって、この良さを人に伝えられたらいいな、と思うようになったんです。すごく面白いし、楽しいことなんだよっていうことを伝えたい」。そんな彼女は、この春から子供たちに向けた講習のプログラムも予定しているという。北の大地育ちのおおらかさの中に、強い芯が通っている。そんな女性だと感じた。これからもますます楽しみだ。

未央さんのインスタグラムアカウント
https://www.instagram.com/mio.yamamotooo/

撮影協力:ライジングフィールド軽井沢
https://www.rising-field.com/

BUSHCRAFTERS

10

猪野健太

KENTA INO

埼玉県秩父の人気キャンプ場「フォレストサンズ長瀞」のマネージャーをしている猪野さんは、生まれも育ちも秩父の、生粋の山育ちだ。数年前にJBS認定ブッシュクラフト・インストラクターの資格を取得し、場内の森の中に直火のできるソロキャンプ専用のブッシュクラフトサイトを造った。そこで「ワイルドボア ブッシュクラフト」（“ボア”は苗字のイノシシの英語読みから取った）というプロジェクトを立ち上げ、直火やブッシュクラフトのスクールを開催している。アウトドアとともにバイクもこよなく愛する猪野さんは、バイクとブッシュクラフトの相性が抜群なことに気がついた。今後はバイク×ブッシュクラフトも、もっと発信していきたいそうだ。そこに至るまでの曲がりくねった道のりを伺った。

BUSHCRAFTERS

10

猪野健太

KENTA INO

設営もほぼ終わり、焚き火をおこしてベーコンを炙る。トライポッドから吊るしたケトルでお湯を沸かし、コーヒーを淹れる準備を。日も傾き、バイクと焚き火の凛々しいシルエットが浮かび上がってきた。こんなに男くさい要素で溢れているのに、猪野さんは煙草もお酒もやらないのだそうだ。そしてブッシュクラフトをするときには、ほとんど食事もとらないそうだ。どんだけストイックなの？と思うが、いたって自然体で、リラックスして楽しんでいるように見えた。

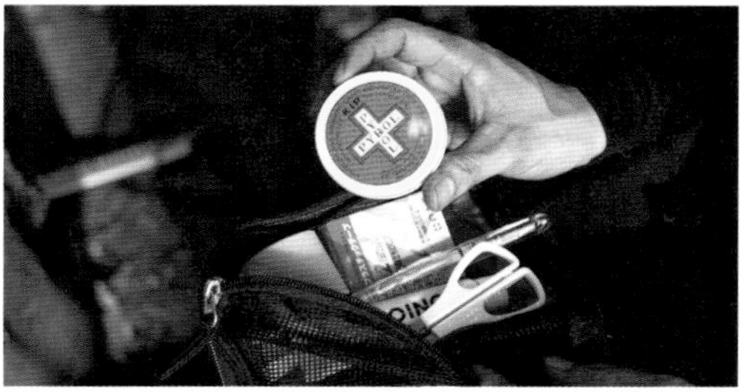

バイクはYAMAHA XT250。ほかにハーレーも所持していて、行く場所や道路状況で使い分けているとか。バックパックは外付けに特化したミステリーランチを。くくり付けたブランケットは友人のブランドのもの。ペグはハンマーと一緒に帆布のケースに入れている。刃物は複数あるが、父親から譲り受けた松永製作所の剣鉈がメイン。ほかにモーラナイフのガーバーグと、ノコギリはシルキー。救急セットにはキップパイロール軟膏を常備。火傷や切り傷に対処できるのでブッシュクラフトの装備として。

3.5 × 3.5mの迷彩柄タープはDDハンモック。耐水性・耐久性に優れているので、野営スタイルにバッチリ。さまざまなアレンジができるちょうどよいサイズ感だ。ポール代わりになる枝を使い、巧みなロープワークで寝床を作っていく。自在金具などは使わず、トートラインヒッチで留める。足にかかると怪我の恐れがあるので、視認性がよいオレンジや黄色のものを使うことが多いそうだ。4mmのリフレクター付きのものを使用している。ランタンの汚れを拭き取る。この一手間でさえ楽しそうだ。

寝床回りが完成したら焚き火の準備。風向きを考え、風上側に枝でファイヤーリフレクター(P157参照)を作る。風よけはもちろん、焚き火の熱が反射して暖かさが増す。直火における着火の基本は穴を掘ることから。スコップではなく、MSRのペグハンマーの、ペグ抜き側をスコップ代わりにしている。「道具が無くても、考えれば代用できるものがだいたいは見つかるし、無ければ作ればいいんですよ」。ブーツはオーストラリアのブーツメーカー、ブランドストーンのものを愛用している。

フォレストサンズ長瀞のブッシュクラフトサイト内には、間伐した枝などをまとめて置いてある場所があり、キャンパーが自由に利用することができる。猪野さんは適当な3本を手にすると、長さを揃えてトライポッドを作り始めた。長さ調節が可能なロープの先に小枝をトグルにして固定し、ケトルやランタンを吊るせるようにした。ロープワークをするときには、どんな結びも左から回すルーティンにしている。向きを決めることでロープの軌道と仕上がりのイメージが明確になり、やりやすいためだ。

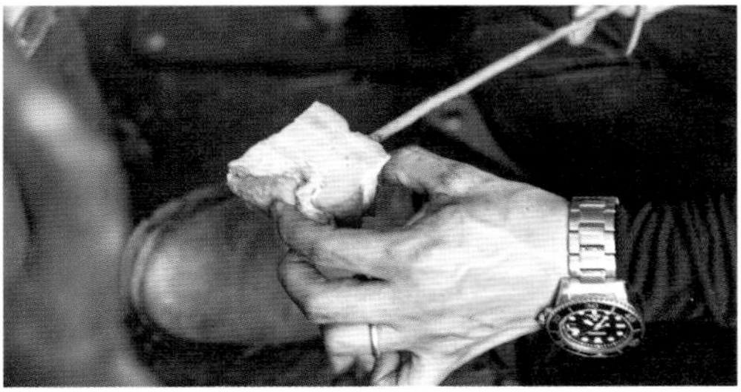

セイシェルの浄水器で水を濾過し、イーグルプロダクツのケトルでお湯を沸かしてコーヒーを淹れる。あらかじめ食事シーンを撮りたいとお願いしていたのだが、持参したのは厚切りベーコンのみだった。キャンプのときはほとんど食事もせず、コーヒーと焚き火があればそれで十分なんだそうだ。おもむろに、落ちている枝先を削ってワイルドに串刺しに。枝を使って角度を調整し遠火で炙る。適度に焦げ目がついたところでかぶりついた。

ブッシュクラフトサイトは高い木に囲まれた森の中にあるため、周囲より早めに暗くなる。猪野さんは余計な光源を持たずに炎を頼りに過ごすことが多いとか。持ち込む明かりは、日本製のハリケーンランプ（通称、別所ランプ）のみ。大正時代から続く大阪にある日本唯一のランプメーカーのもので、いまは5代目の別所由加さんが継ぎ、入手困難なほど人気になっているそうだ。焚き火の横にずらしたトライポッドに、先ほど付けたトグルを使って吊るし、辺りを灯す。

遠くに水の流れる音。焚き火の爆ぜる音。上空には風が抜け、木々の葉の擦れる音。そこにヒグラシの鳴き声が混ざって響く。バイクに乗って走っているときとはまた違う、ゆっくりと流れる至福の時だ。

HOW TO MAKE A FIRE REFLECTOR
ファイヤーリフレクターの作り方

手首大ほどの太さの枝を5～6本用意し、ノコギリで60cmほどの長さにカットする。ブッシュクラフターならではの切り方を披露してくれた。

少し細めの枝を40cmくらいで切ったものを4本用意し、剣鉈で先端を尖らせる。地面を叩くと刃が傷むため、丸太や太めの枝を寝かせた上でやるとよい。

焚き火をする予定の場所の奥に、バトニングの要領で枝の杭を打ち込んでいく。30cmほど間隔をあけて2本目を地面に刺していく。

①で切った枝が入るよう、拳大くらいの空間をあけ、同じ間隔でもう2本もしっかり地面に打ち込む。4本の杭が完成。

④の杭の間に、①で切っておいた枝を、横にして積み重ねていく。

森からツタを採取し、杭にした前後2本の上部を結んで固定すれば、安定したファイヤーリフレクターの完成。

BUSHCRAFTERS

10

猪野健太

KENTA INO

山育ちの山人（やまんちゅ）として
山遊びの楽しさやその知恵を伝えたい。

埼玉県長瀞町、荒川沿いにあるキャンプ場、フォレストサンズ長瀞。猪野さんはこのキャンプ場のマネージャーをしている。芝生の広がるトレーラーサイトやキャンプサイトにバンガロー、さらにホテルのような部屋など、複合的な作りが人気の施設だ。

ここのマネージャーに就任すると、これまでただの斜面だった森を整備し、ブッシュクラフト専用のエリアとして作り変えたそうだ。「少しずつ手を加えて、やっと最近整った感じです」。爽やかな笑顔と紳士的な語り口。なによりとても満足そうだ。今では珍しい直火での焚き火が可能なソロキャンプ専用のサイトが、20サイト確保されている。傾斜地をうまく活用したことで自然に区画分けされている。もともとあった樹木を活かした森の中のサイトだ。

「昔は美容師として働いてたんです。でも街での生活に馴染めなくて。それで地元（埼玉県秩父市）に戻って、林業の仕事に就きました。やっぱり森の中にいると落ち着くんです（笑）」。ジーンズとブーツのアメカジスタイルに長髪の姿からは想像できないが、さらには高校球児として甲子園の土を踏んでいるという。丁寧できちんとした受け答えや仕草から、厳しい環境の中で揉まれてきた人なんだろうな、ということを感じた。そして自分で決めた次のステップへと進み続けたことで、今があるのだろう。
「部活にしても山仕事にしても、良くも悪くも鍛えられましたね。特に山仕事は命に関わってくるので、先輩の言うことは絶対でした。大したことじゃないと思えますが、刃物を使ったらすぐにシースに入れて、地面には置かないことだったり。怪我防止のためであって、毎回しまうのは億劫だったのですが、小言のように『怪我と弁当は自分持ち』と言われ続けて、体で覚えてしまいました」。そこではたくさんの基礎知識を学び、年配者のスキルの高さを目の当たりにしたそうだ。「名前の分からないロープワークとか、木登りの方法とか、食べられる植物の知識とか、いろんなことを知ってるんですよね。いま思うとあれも立派なブッシュクラフトだったんだなって思います」。そんな経験を積みながら、徐々にアウトドアやキャンプに興味を持ち始めたのだという。
それからほどなくして、ブッシュクラフトというカルチャーを知る。本やネットを使って調べていくうちに、Japan Bushcraft Schoolの存在を知り、受講のために何度も足を運んだそうだ。そして2019年の2月にJBS認定ブッシュクラフト・インストラクターの資格を取得する。
「ブッシュクラフトの技術はもちろんですが、野外活動での危機管理と、自然との繋がり方なども学びました。ワイドアングルビジョンっていう、広く全体を感じ取る、という自然の捉え方は今でも実践していて、とても役に立っていると感じますね。川口さん(P29)とは、今でもたまに会って一緒にキャンプしたりもしますよ」。また、同期の受講者たちとはいまだに繋がっていて、キャンプ場にも遊びにきてくれるそうだ。「その場だけの付き合いではなく、長く続くつながりができてよかったです」
そして今の仕事に就くと、猪野さんが発起人となって提案し、キャンプ場内にブッシュクラフト用のサイトを造った。「オープン以来、迷惑なお客さんはいないですね。お客さんのはやる気持ちを受け止めつつ、受付時に注意事項をしっかり説明させてもらっていますし、直火の原状回復の仕方も伝えています。そしてチェックアウト後に再度スタッフが原状回復をしています」。確かに、辺りを見渡してもサイトに直火の形跡ひとつ残っていない。さらに同キャンプ場では、敷地内の間伐や枝打ちで出たものを廃棄せず、自由に使えるようエリアの片隅にまとめて置いている。いざブッシュクラフトを楽しもうと思っても、素材や材料となる木を切って使うことができないキャンプ場がほとんどだが、これはブッシュクラフターにとってはありがたいことだろう。（常にあるわけではないので、要確認だ）

「前はチェアも持ってきたけど、地面にシートを敷いて、そこに座って焚き火をするようになると、炎がきれいに見えたり、地面からの焚き火の熱でお尻がポカポカになったりして、道具がないことでかえって気づくことがあるし、不自由どころかむしろ自由になれる気がして」。猪野さんは、持っていく道具も最低限なのだが、調味料や器具など、食に関するアイテムが特に少ない。意外にもお酒も飲めないらしく、キャンプのときはおつまみ程度で十分なんだとか。1～2食抜くくらいは平気で、それよりもただ座ってスマホも触らず、焚き火をして自然を感じることのほうが得るものは大きい、と言う。異常にストイックなのか、それとも天然なのか？　おそらく後者で、ただ火をくべ、森に溶け込むことが最高に気持ちいいのだろう。

「バイクとかアメリカのカルチャーがずっと好きなんです。映画の中の、バイクで荒野を旅しながら、焚き火をしてその横で眠るみたいなのとか。バイクとブッシュクラフトを掛け合わせることで、シンプルでかっこいいキャンプの形ができるんじゃないか、と思ってるんです」。そう言われてみると、彼のアイテムやスタイルは、どこか筋が通っていて、美意識のようなものも感じる。「バイク好きの仲間たちとツーリングキャンプをやっているうちに、最低限の道具しか持たないで、できるかぎり現地調達をするブッシュクラフトのスタイルと、バイクの相性はとてもいいな、ってことを再認識したんです」

そして猪野さんは、フォレストサンズ長瀞を拠点として〝ワイルド ボア ブッシュクラフト〟（WILD BOAR BUSHCRAFT）プロジェクトを立ち上げた。今後はこの場所を拠点として、バイク×ブッシュクラフトを提案しつつ、焚き火とブッシュクラフトのワークショップやスクールも開催していく予定だという。曲がりくねったラフロードを走った先にたどり着いた、そんなスペシャルな場所になることだろう。

http://forestsons.jp/

https://www.wild-boar-bushcraft.com/what-s-wbbc/

BUSHCRAFTERS 11

軍幕野営会

GUNMAKU YAEIKAI

関東某所。週末になると近県から男たちが集まり、軍幕（各国軍隊で支給されていたテントやポンチョ）での野営を繰り広げている秘密の場所があると聞き、取材に行ってみた。するとそこは、野営好き、ブッシュクラフト好きにとってのワンダーランドだった。自由気ままにテントを張り、クラフトをする。普段の職業も肩書も気にしないし、気にならない。条件は、「ブッシュクラフトをして野営するのが好き」。ただそれだけだ。軍用のパップテントやポンチョを組み合わせた三角テントを張り、酒を酌み交わす。そこは焚き火料理と笑い声に溢れた、ピースフルな空間だった。出身地もバックボーンも皆違う。ただただ自然の中でコットンの軍幕を張り焚き火をし、木をナイフで削るのが大好きなおじさんたちのユートピアだった。

BUSHCRAFTERS

11

軍幕野営会

GUNMAKU YAEIKAI

軍幕野営会、日暮れ時の全景。つかず離れず連なった、さまざまな国のテントが重なる光景は、さながら多国籍軍のベースキャンプ。ありったけのオイルランタンに火を灯し、煮るなり焼くなり好きにやる。思い思いのテントやポンチョを張ったおじさんたちのユートピアのようだった。

かずさん @8888outdoor

珍しい、コットンキャンバス製の日本軍のテント。フリマアプリでコツコツ探しだしたそうだ。素材が非対称なのも面白い。麻紐で張って使用している。居住性を確保するため、内側にポールは入れず、枝を使って外組みのフレームにする。上空の木の枝に掛け、入り口を立ち上げている。豪快な作りの大きなポットハンガーとフックは毎回その場で作る。ヒューナーズドルフのタンクは水入れに。ランタンは70年前のビンテージ品だ。

使い込まれ真っ黒になった調理器具。クッカーはスノーピークとDVGのもの。枝を付けて使うフライパンはブッシュクラフト社製。枝は毎回付け替える。ククサに溶かした蝋を入れ、真ん中にタコ糸を入れて灯籠にしている。長い枝の先に鶏の胸肉を刺して、これから焚火で焼く瞬間。

アキラさん @akira.n8008

ノルウェー軍のポンチョテントをポールレスで。左右と後ろに枝ペグを打ち、天辺に枝のフックを引っ掛けて、頭上の木の枝にコードを回し、背後にペグダウンして吊り下げて設置している。アックスはグレンスフォシュ。伝説的ブッシュクラフター、レイミアーズモデルだ。ククサは松の根のコブから削り出した自作品。アメリカ製のADVENTURE SWORNのナイフと、小さなプーコはフィンランドの伝統的なナイフだ。トライポッドは、タワーのように中間にも骨組みの入った凝った作り。麻縄で吊り下げられた大きなフックは、枝を切り返して作られている。切り株を真っ二つに割って裏側に穴をあけ、四足を差し込んでテーブルに。ファイヤーピットはまるで使い込まれた囲炉裏のような趣き。ビンテージのランタンとフライパン。渋いとしか言えない。

にっちゃんさん @nitchan.69

フランス軍のトライアングルテントシートを4枚使った変形張り。前面の枝をメインポールとし、中ほどからパラコードを頭上の木の枝に回して留めている。コットンの幕は影が濃くなり、強い日差しでも比較的涼しい。コットはイスラエル軍、寝袋は米軍のもの。シートの上に麻の袋を敷くのも流儀のひとつ。丈夫で汚れも気にならず、蒸れない。

ククサやスプーン、木のカトラリーはすべて自作したもの。くるみのオイルを定期的に塗り込んでメンテナンスをしているそうだ。レザーのケースも自作品。ナイフは米国製 ESEE のもの。ケトルはスノーピークのケトル No1。煤で真っ黒になっても使い続けている。

トミさん @tomisan333

サウジアラビア軍のパップテント。砂漠の国らしくベージュ色だ。現地語のプリントが異国情緒を漂わせる。既製のポールなどは使わずに、枝の分かれ目を利用して外側で組み、中を広く使えるようにしている。あまり見ない、筋交いを入れた、凝った作りのポットハンガー。薪はピットを囲むように並べて配置し、風よけと乾燥を同時に果たす。

LIGHT MY FIRE のワイヤーグリルに枝を付け、シーズニングをたっぷりかけたラム肉を焼く。その場で自作したギアハンガー。カップもお手製だ。PATHFINDER のポットは今回が初使用。これから使い倒す所存。今ではウッドクラフトは達人の域だが、はじめは失敗もしたし上手くできなかった。でもそんなことは当たり前。きれいに作る必要もない。やっていくうちにどんどん上手くなるそうだ。

ツバサさん @bokkun_outdoor

ポーランド軍のポンチョを2枚組み合わせ、テントとして使用。センターに太めの枝を用いてしっかり立てる。ロシア軍のメスキット（調理セット）を使用している。飯盒の中に水筒がスタッキングでき、コンパクトに。丸太のテーブルは自作したもの。蚊取り線香立ても、それぞれ工夫して作っている。FIRE BOXのネイチャーストーブは少々太めの枝でも灰になるまでよく燃える。

LOGDE のスキレットは麻の巾着袋に収納している。革製のカトラリーケースは友人が作ったものをプレゼントしてもらった。カッティングボードはメルカリでゲット。ランタンはスイス軍の折りたたみ式。中に入った通称“ショットガン”は、真鍮製の筒で作られた、ろうそくを使わずにオイル化するためのランタンコイル。ロウ垂れから解消される。光り物（ランタン）が大好きなようだ。

軍幕野営会の面々は、木を使ってさまざまなものを作り出して楽しんでいる。枝分かれの形状を活かして蚊取り線香のホルダーに。地面に刺して使う。使う道具はノコギリとアックスとナイフの、いわば三種の神器だ。枝にパンのタネをロール状に巻きつけ、焚き火で炙る。皮付きの鶏肉も、Y字の枝に刺して炙る。味付けは塩のみで十分に美味しいそうだ。Y字の枝をフレームにして麻紐で枝を縛って連ねたものを天板にした、凝った作りのテーブル。地面にぶっ刺してワイルドに。

夜も更けて、思い思いに過ごす時間。自作のランタンハンガーに自慢のランタンを吊るして灯す。それぞれが工夫して作ったもの。どれもシンプルだが機能的だ。木の枝の曲がり方を上手く利用したものもある。軒先に明かりが灯るだけで、なぜか不思議と家感が増す。虫よけパラフィンオイルを使えば、虫も寄りづらくなる。

熾火でつまみを炙り、手作りのククサにウィスキーを注ぐ。煙に巻かれて飲むバーボンが旨い。ありったけのランタンを灯し、辺りはほのかな明かりに包まれる。焚き火と薪、アックスとランタン、コットンテントとウィスキー。すべてがゆるやかに調和しているように感じる。聞こえてくるのは、炎の爆ぜる音とカエルの合唱だ。

BUSHCRAFTERS

11

軍幕野営会

GUNMAKU YAEIKAI

森の中で、原っぱで、煙に巻かれて燻されて
おじさんたちの楽しい休日。

関東近県の某所で、週末になると男たちが集まり、「軍幕」と呼ばれる、各国の軍で支給されていたテントやポンチョで野営を繰り広げていると聞き、取材に行ってみた。するとそこは、野営好きにとってのワンダーランドだった。職業や肩書は一切関係ない。軍用のパップテントやポンチョを組み合わせて張り、焚き火で作った料理で酒を酌み交わし、笑い話で盛り上がる。ここに集まったのはみんな、軍用のテントを張って焚き火をし、野営をすることが好きでたまらない人たちなのだ。

「自然が好きで野営が大好き。そんな仲間が集まっています。職業もバックグラウンドも、みんな全然違うんですけど、まったく気になりません。野営が好きな人がSNSなんかで繋がっていったら、自然と今の形になった感じですね。リーダーはいません。好きなものが同じなので、余計な気を使う必要もないしね。お互いにリスペクトしてたら、そんなのいらないと思うし。天気のいい週末に、来れる人だけで集まってゆるく楽しくやってます」

だが、そこには暗黙のルールがあるらしい。寝床は軍幕であること。一人一焚き。焚き火なくして野遊びに非ず。遊ばせてもらった場所と仲間への感謝は忘れるな。そして、帰る